让我们 甲骨文 oracode 一起追寻

Two Cheers for Anarchism: Six Easy Pieces on Autonomy, Dignity, and Meaningful Work and Play

Six Easy Pieces on Autonomy, Dignity, and Meaningful Work and Play

〔美〕
詹姆斯·C.斯科特 —— 著
James C. Scott

袁子奇 —— 译

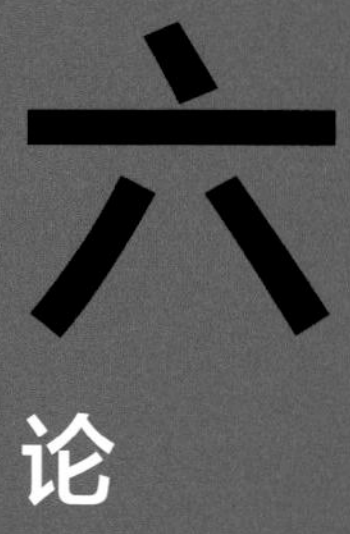

论自发性

TWO CHEERS FOR ANARCHISM

自主、尊严，以及有意义的工作和游戏

社会科学文献出版社
SOCIAL SCIENCES ACADEMIC PRESS (CHINA)

目　录

前 言

本书的诸论点我已经酝酿了好一阵时间了。它们是 ix
在我书写东南亚山区里的农民、阶级冲突、抵抗、发展项目和边缘人群时渐渐成形的。三十年来，我一次次发现自己在学术讨论中说了一些话，或是写下了一些东西，然后回过神来，“嗯，这听起来像一个无政府主义者的论点”。几何学里两个点可以确定一条线，但是如果第三个、第四个、第五个点都落在同一条线上，这样的巧合就不容忽视了。惊讶于这样的巧合，我认定是时候拜读无政府主义的经典，了解无政府主义运动的历史了。为此，我还给本科生开了一门关于无政府主义的讲座式课程，以此让自己熟悉这个主题，或许也探索一下我和无政府主义到底渊源几何。在我讲完课后的二十年时间里，相关成果大多被抛在一边，现在它们终于汇成了这本书。

无政府主义对国家的批评之所以引发我的兴趣，是

因为我对变革力量不再抱有幻想，希望已经熄灭。在20世纪60年代政治意识觉醒的那一代北美人中，经历
x 过这种破灭的不在少数。对我，也对很多其他人来说，60年代可以说是靠农民战争实现国家解放的浪漫思潮进入高潮的时代。乌托邦是可能的，在这一时期我一度完全沉浸其中。我带着一些敬畏之情，现在回想起来还有极度的天真，密切关注几内亚艾哈迈德·塞古·杜尔（Ahmed Sékou Touré）的独立公投、加纳总统克瓦米·恩克鲁玛（Kwame Nkrumah）的泛非主义倡议、印度尼西亚独立早期的大选、缅甸独立初期的大选（我在缅甸还待过一年时间），当然还有中国的土地改革和印度的国家大选。

两件事逐渐造成了我幻想的破灭：对历史的探查和时事本身的进展。我渐渐发觉（我早该认识到），其实就每一场成功的革命来说，其最后造就的国家政府都要比它所推翻的更加强力。在这方面，无政府主义者的反思似乎颇具先见之明。法国大革命引发了热月政变，然后是能力超常而好战的拿破仑政府。如果说旧制度无情地推行封建制度中的不平等，那么查阅革命的历史记录，我们也能得出与前述类似的悲伤解

读。民众的意愿为革命注入了走向成功所需的力量和勇气，但是，从更长远来看，最初的意愿多半会遭到背叛。

然而，从西方阵营及其对贫困国家的冷战政策来看，也没人能提供除“真正实行的社会主义”之外的有益备选方案。那些实行独裁统治的、极度不公正的政权和国家，作为反共产主义阵营的盟友受到西方阵营欢迎。熟悉这段历史的人，也会回想起这是发展研究和一个经济学新领域——发展经济学的早期高潮。如果说革命精英阶层所期望的是社会建设的宏大事业，那么发展研究专家也毫不逊色，对自己促进经济发展的能力信心满满。他们的做法是发展不同层级的财产组织形式，通过投资基础设施建设、推广经济作物和土地交易市场，来从整体上强化国家并强化社会的不平等。所谓的“自由世界”，尤其是由南半球发展中国家组成的“自由世界”，似乎极易受到社会主义者针对资产阶级社会之不平等的批评，而且还会遭到共产主义者和无政府主义者关于国家乃此类不平等之守护者的批评。

无政府主义的透镜，或曰像一个无政府主义者一样观察

我因为缺少一种系统的无政府主义哲学和世界观，并且在看待事物时总体上缺少一种周全而得法的视角，所以打算采取一种无政府主义透视的方式来阐明我的论点。我想要说明的是，你如果透过无政府主义的镜片看待民众运动、革命、寻常政治和国家的历史，就能获取一些从其他视角得不到的洞见。有件事会变得昭然可见：即使民众对无政府主义或无政府主义哲学闻所未闻，他们的意图和政治行为中也会有无政府主义原则在积极发挥作用。我想，在无政府主义的视野下有一点尤其突出，皮埃尔－约瑟夫·蒲鲁东[①]首次使用“无政府主义”这一术语时就意识到了这一点，它就是互助关

① 皮埃尔－约瑟夫·蒲鲁东（Pierre-Joseph Proudhon，1809～1865），法国思想家、政治家，系统的无政府主义思想的开创者。在他1840年出版的名著《什么是财产?》中，蒲鲁东给出了无政府主义的早期经典定义。蒲鲁东和马克思有过深度的交流，但是在蒲鲁东的晚年和他去世后，其哲学成为马克思的一个主要批判和斗争对象。本书脚注均为译者注，后文不再另做说明。

系（mutuality），或者说是“不经等级制度和国家制度达成的合作”。另一个凸显的观念是无政府主义对混乱、对社会性学习后产生的即兴行为的容忍，以及无政府主义对自发合作、自发互惠的信心。在罗莎·卢森堡[①]的观念中，相较于先进政党中的小部分精英分子在治理上的精明选择，她更倾向于劳动阶层诚实的试错。这正印证了上述的无政府主义立场。我的主张也并不激进，我认为，无政府主义的透镜比其他途径能更好地挖掘这一领域的深度。

我推崇的是一种“过程取向的”无政府主义，或许也可以称之为“作为行事方式的无政府主义”。既然如此，读者可以不无道理地提出疑问：你提议采用的是无政府主义的哪一种透镜？毕竟无政府主义学说是多种多样的。

我提议的无政府主义视角，需要我为政治、冲突、 xiii

① 罗莎·卢森堡（Rosa Luxemburg，1871～1919），波兰裔德国政治家。罗莎·卢森堡早年在德国社会民主党党内工作。一战期间，她是活跃的反战人士，并参与创立了德国共产党。一战结束后，德意志帝国政府垮台，魏玛政府成立，由罗莎·卢森堡和卡尔·李卜克内西领导的德国共产党没有在议会获得任何席位，于是发动了罢工和起义。1919 年 1 月，罗莎·卢森堡被镇压起义的势力杀害。

争论以及持续不断的不确定和试错做辩护。这就意味着我反对在19世纪与20世纪之交盛行于无政府主义者中的那种乌托邦科学主义。在当时那种工业、化学、医药、工程和运输技术突飞猛进的环境下，不难理解为何不论左派还是右派都对现代主义抱有高度乐观的情绪，都认定稀缺性问题已经在原则上得到了解决。很多人相信，科学进步已经发现了自然的法则，与此同时也发现了解决人类生存、社会组织、制度设计方面的问题的科学途径。随着人们越来越理性、越来越有知识，科学将告诉我们应该如何生活，而政治将不再是必需品。圣西门伯爵、约翰·斯图亚特·密尔、马克思、列宁，这些人虽然差异显著，但都倾向于期待一个由开明专家治理的未来世界，治理这个世界依靠的是科学原理，“物的管理”将会取代政治。从德国在一战期间令人惊叹的经济总动员中，列宁看到的是社会主义的未来，它如同一台嗡嗡轰鸣、流畅运转的机器——只需要把德国军国主义者从国家掌舵者的位置上换下来，代之以无产阶级的先进政党，管理活动就会让政治靠边站。对于很多无政府主义者来讲，同样的进步通往的是一种令国家不再重要的经济。但如今我们已然认识到，物质的丰富远不会取消政治，反而会催生政治斗争的新领域；同时，国家社会主义与其说是物的“管理”，不如说是一个保护统治者特权的经贸联盟。

我不像很多无政府主义者那样认为国家无处不在且永远是自由的敌人。美国人只需要回想这件事：1957 年 xiv
在堪萨斯州小石城，美国国民警卫队护送黑人孩子穿过愤怒、凶狠的白人人群去上学。由此可以得知，国家“在一些情况下”，可以担当解放者的角色。我认为即使是这种可能性，也只是法国大革命确立公民民主权利和大众普选之后的一个结果，后来这些权利被推及至女性、境内居民和少数族裔。也就是说，国家大约有五千年的历史，只是在其中的最后两百年，才仅仅产生了国家偶尔拓展人类自由的可能性。我认为，这一可能性偶尔实现的条件，在于下层发生的体制外的大规模动荡可以危及整个政治体系。即便是这点成就，也充斥着忧虑，因为法国大革命同时标志着国家赢得了对公民的直接的、没有中间媒介的权力，标志着全国征兵和全面战争成为可能。

说可能限制自由的制度只有国家，我也不认同。该观点忽略了前国家时代就有的一些源远根深的事物，比如奴隶制、战争、人身依附，以及把女性当作财产的制度。反对霍布斯所描绘的前国家社会的特征（险恶、野蛮、短命）是一回事，但是这并不意味着我就得认定“自然状态”是一片未经打扰的共产、合作、祥和的大好风光。

我希望与之划清界限的最后一派无政府主义观念，是容许（乃至鼓励）财富、财产和地位的极大差异性
xv 的那种自由主义观念。在巴枯宁看来，极端不平等条件下的自由和民主（一般意义上的民主，而非现代民主制）只是残酷的谎言。在存在巨大差异的条件下没有真正的自由，其中的自发同意和自发交换只不过是合法劫掠罢了。举例来说，想想抗日战争和内战时期的中国，饥荒和战事使很多人饿死。一些妇女面临着这样的艰难选择：要么饿死，要么通过卖儿鬻女生存下去。对信奉市场原教旨主义的人来讲，卖孩子终究是一个自发的选择，从而也是一个自由的选择，它完全符合“自由”的条件（*pacta sunt servanda*，符合条件即可认定）。当然，这种逻辑是毫无人道可言的。在上述例子中，形势的结构性胁迫促使人们去做那种悲惨的选择。

这里我举的是一个极富道德争议性的例子，这种情况在今天不那么常见。更贴切的例子是人体器官和婴儿

的跨国生意。请想象一幅动图，追踪肾脏、眼角膜、心脏、骨髓、肺脏和婴儿在世界范围内的转手流动。它们从最贫困的国家，从其中最贫困的阶层，大多不可阻挡地流向北大西洋的富有国家，尤其是这些国家中最有钱有势的人。乔纳森·斯威夫特的“小小建议”说的也是类似的道理。[①] 谁能否认，造就这种珍贵商品的交易的，是全世界生存机会的不均等——两极差异巨大，且它在本质上非个人所能左右。一些人称之为“结构性暴力”，我认为该说法非常贴切。

要点已经很清楚了。财富、财产和地位的巨大差异让自由成了笑话。过去四十年来美国国内财富和权力的联合，加上近年来走新自由主义政策道路的发展中国家对美国的仿效，促成了一个无政府主义者们早已预见的世界。纯粹通过经济实力获取政治影响力的做法，造成 xvi
了政治机会的累积性不平等。这类不平等、巨大（规模堪比国家）的经济寡头垄断、媒体控制、竞选献金、操纵立法（可以细致到留下哪些特定的法律漏洞）、更

① 乔纳森·斯威夫特（Jonathan Swift）的《一个小小的建议》是一篇经典的讽刺文，写于爱尔兰大饥荒时期。文中，他讽刺性地建议让爱尔兰人靠吃孩子熬过饥荒。

改选区、垄断法律知识——种种做法使得选举和立法总能被用来放大现存的不平等。我们很难从现行的制度中找到可行的方式，来消减这种自我强化的不平等。即使是从 2008 年开始的这场严重的资本主义危机，也没能催生出类似罗斯福新政的举措，从现存制度内部解决问题的希望因此变得尤其渺茫。在很大程度上，民主体制中的各个机构自身已经成了商品，可以为出价最高的买主所掌控。

市场用钱来衡量影响力，而民主制从原则上讲用选票来衡量影响力。现实中，由于存在一定程度的不平等，钱的作用会污染、压倒选票。民主制在不沦为虚伪形式的前提下能容忍多大程度的不平等？人们通过理性的考虑会得出不同的答案。我的判断是，我们已经在"虚伪形式"中挨了很长时间了。可能除了市场原教旨主义者（即那种能够在伦理上接受一个公民"自愿"卖身为奴的人）外，其他人都明白民主制是一个冷酷的骗局，没有相对平等（relative equality）可言。诚然，相对平等的实现是无政府主义者的最大困境之一。如果相对平等是互助和自由的必要条件，那么要如何在国家制度之外保障它的实现呢？有鉴于这一难题，我相信不论是从理论上还是从实践上，废除国家制度都不是一个可行选择。唉，我们就这样注定和利维坦共存了，尽管个中原因并不是霍布斯想的那样，且挑战在于驯化利维坦。对这一挑战我们似乎力有不逮。

组织的悖论

无政府主义给我们的一大教益在于它解释了以下问 xvii
题：政治变革（改革或者革命）具体是如何发生的？我们应该如何理解“政治”这种属性？我们研习政治是为了什么？

组织一般不会推动抗议运动，这和通常的认知不同。实际上，更贴近事实的说法是，抗议运动会推动组织化，而组织总会遏制抗议，使之转向制度渠道。抗议要是威胁到了制度，正式的组织就总会成为它的遏制者而非促进者。民主政治，一个为避免公众骚乱、实现和平而有序的合法变革而设计的制度，竟在通常情况下无法达到这一目标。这是民主政治变革中的一大悖论，不过在无政府主义透镜的审视之下，这也并非令人惊奇之事。其原因主要是现存的国家制度趋于固化，同时服务于占据主导地位的利益群体。绝大多数代表既得利益的正式组织具有这一特性。正式组织手执国家权力的缰绳，用制度化的途径操控国家权力。

出于上面的原因，结构性变革的事件往往只会发生在平民的、非制度化的扰乱（disruption）中，具体的形式有暴乱、打砸活动、无秩序的示威、偷窃、纵火，以及威胁既有制度的反抗行为。这样的扰乱实际上从来不受正式组织的鼓励，更不会由组织发起，哪怕是那些在结构层面青睐有序请愿、示威和罢工（这些举动都可以被纳入现行的制度构架中）的左翼组织。持反对立场的机构若是有名称，有运营职员，有章程、标志和
xviii 它们自己的管理规程，就自然会选择制度化的冲突方式，它们是这方面的行家里手。[1]

弗朗西斯·福克斯·毕文（Frances Fox Piven）和理查德·A. 克洛沃德（Richard A. Cloward）令人信服地指出，对于美国大萧条时期（20 世纪 30 年代）的失业者和工人的抗议活动、反越南战争的运动、福利权利运动①

---

① 20 世纪六七十年代美国发生的一场公共运动，旨在为妇女和儿童争取福利待遇。

来说，它们的最为成功之处总是出现于最扰乱制度、最具对抗性、最缺少组织性及最缺少层级架构之时。[2]至于未制度化的、在大众中蔓延的那些挑战现存秩序的行为，如果想遏止它们的继续传播，就需要各方做出让步。若没有运动领袖可以与之谈判，没有人说服不满的人群离开街道各回各家，官方的让步就无法得到回应。正因为大众的抗议行为威胁了制度秩序，它才会催生组织的建立，以将反抗引导到常规政治的轨道上，使之变得可控。在这种情形下，通常为统治精英所不齿的组织将得到精英的关切。一个例子发生在1968年法国五月风暴期间，总理乔治·蓬皮杜向法国共产党（一个被认可的“参与者”）承诺了工人薪金方面的巨大让步，以把共产党中亲政府的成员从抗议学生和无组织的自发罢工者中分离出来。

扰乱有很多耐人寻味的发生形式。一个似乎有成效的做法是，按照诉求的明晰程度，以及是否要抢占民主政治的道德高地，将扰乱的发生形式列举出来。这样一来，寻求实现或拓展民主自由权利的那些扰乱，如寻求废奴、女性选举权或废除种族隔离的运动，其实表达了占据更高的民主权利阵地的诉求。还有些大众扰乱行为的目的在于争取每日八小时工作制或敦促官方从越南撤军，或者再模糊一些，反对新自由主义主宰下的全球化。那么，这些诉求又要怎样归类？在此类抗议中，行为的目标依然相当清楚，但是其诉求更像是在与官方激
xix 烈地争夺道德高地。虽然人们谴责“黑色方阵”（black bloc）在1999年“西雅图之战”中围堵世界贸易组织会议的策略（打砸店铺、和警察发生冲突），但是毫无疑问的是，如果不是因为这次有大致预谋的失控行为吸引了媒体的注意力，更广泛的反全球化、反世贸组织、反国际货币基金组织、反世界银行的运动，可能还来不及为人所知就沉寂下去了。

最激烈且在边缘群体中越来越普遍的情况，是一般性的暴乱，时常还伴随着洗劫。这种扰乱多以发泄内心原始的愤怒和疏离感为目的，没有条理清楚的请求或诉求。正是因为不表达明确的目的，且发起自最缺少组织的社会群体，这类扰乱可对秩序造成更大的威胁。没有具体的诉求可予以回应，也没有明显的领导者可以与之谈判。统治精英面对的是一个宽频的意见集合。在英国2011年夏末发生的城市暴乱中，保守党政府的第一反

应是镇压，并通过即决审判[①]惩罚闹事者。工党议员则力主另一种政治回应方式，即将城市社会改革、经济优化和选择性惩戒结合起来。不论政府如何回应，不可置疑的一点是，骚乱获得了精英的重视。如果没有上层的关注，骚乱背后的社会问题无论最后得到怎样的处理，也大多不会进入公众的意识。

这里我们再次遇到了一个困境。大规模的扰乱与反抗在某些条件下会径直导致威权政治或法西斯主义，而非改革或革命。这样的危险总是存在的，但即便如此，也不能回避一个事实：体制之外的抗议是结构上发生渐近式大变革——例如罗斯福新政或民权法案——的一个必要非充分条件。

正如具有历史意义的政治常以混乱、拒绝服从的形 xx
式发生，在下层阶级的大部分历史中，政治也以迥异于上层政治规则的、体制外的形式存在。在农民阶级和早期工人阶级的多数成员的历史中寻找正式组织和公开诉求的任何努力都将是徒劳。我把整个这一领域称作

① 即决审判（summary judgment）是英美法系的一种审判方式，该制度允许法庭在事实清楚的时候，不经开庭审理便做出判决。2011 年英国骚乱后，有超过 1000 名骚乱的参与者被判监禁。

“下层政治”（infrapolitics），因为它运作于获得“政治活动”认定的可见光谱之外。国家自古以来就在阻挠下层阶级形成组织，更不要说允许他们在公共领域挑战秩序了。对于被统治阶级来说，“下层政治”是危险的。他们总体上都已经悟到了游击队曾经明白的道理：分组、小规模、分散的行动策略能够帮助他们躲避国家的报复。

关于下层政治，我能想到的行为大致有磨洋工、偷猎、偷盗公物、说谎、破坏、擅离职守、旷工、私自占用和逃避职责。何必冒着被枪毙的风险发动兵变呢？偷偷逃离岗位就可以达到同样好的效果。干吗非得公然入侵别人的土地呢？私下占用也能有同样的收获。何必为了捕鱼、打猎、砍柴的权利大张旗鼓地请愿呢？暗地里捕猎、砍伐，只要不被人发现就好。在很多情况下，对征兵、非正义战争、土地及自然资源的使用权，下层怀有一些群体性的态度，这些态度又无法安全地获得公开表达，因此催生并且支撑了上述实质性的个人自救行为。然而，成百上千乃至数百万次这样的小动作，会对战争、地权、税收和产权关系造成重大的冲击。大多数政治学家和历史学家用来捕捉政治行为的网的网眼太大了，以至于漏下这样一个事实：大多数下层阶级自古以来就与公开的政治组织无缘。不过，这并不妨碍下层民众从微末之处、以集群之力、通过同谋协作来发挥作用，从底层带来政治变革。米洛万·吉拉斯①早已发现： xxi

> 既得利益者之外的万千大众的缓慢、低效的劳动，再加上对一切不符合"社会主义"标准的劳动的禁止，汇成了不可统计、难以察觉的巨大浪费……[3]

这种表达不满的方式（正如那句十分贴切的口号所言，"我们假装工作，他们假装付钱"）对苏联阵营的经济活力究竟造成了怎样的长期影响，谁又能准确说清？

不通过等级制度就可实现各种协调合作或互助，这在多数人的经验中实属平常。这些互助关系只是偶尔才与国家法律、国家制度发生公开或私下的抵触。大多数村庄、街区之所以成为有效的社群，正是因为其中非正式、即兴的合作网络不需要通过正式组织来生效，更不

---

① 米洛万·吉拉斯（Milovan Djilas，1911～1995），共产主义政治家、理论家，前南斯拉夫领导人，铁托的重要战友和助手。

需要等级制度。换句话说，没有政府参与的互助关系是普遍存在的。科林·沃德（Colin Ward）指出："它远不是某种未来社会的展望途径，而是对人类日常生活中一类经验的事实陈述；即便当今社会中的权力愈发集中，它也依然能与大趋势并行。"[4]

于是，一个主要问题，而且是我没有得出确切答案的问题是：国家的存在、权力以及管辖领域近几个世纪以来的扩张，是否削弱了个人和小群体的独立自主能力？平等个体之间通过非正式协作实现的社会功能，如今大多被置于国家的组织或者监管之下。蒲鲁东有段著名的话预示了日后福柯的观点，他是这么说的：

> xxii 被统治，就是被没有知识和美德可言的造物盯上，就是被监察，被窥探，被规范，被灌输，被说教，被注册和点名，被估算，被预测，被审查，被命令。被统治，就是在每一种规程、交往、行动上，被记录，被统计，被估价，被责令，被禁止，被改造，被调控，被矫正。[5]

历史上，互助与合作曾经在国家尚未存在之时就开始创造秩序。国家的霸权，或者说正式的等级制组织的霸权，在何种程度上削弱了互助合作的效用与实践？国家职能的日益扩张，以及自由主义经济中的行为逻辑假设，在何种程度上制造了霍布斯设想中那种利维坦意图驯养的没有社会性的利己者？有人可能主张，自由主义国家构造的正式秩序，从根本上依赖于在它自身诞生之前就通过互助合作的习俗积累下来的社会资本，这些社会资本是国家制度无法创造的，它们实际上还受到国家制度削弱。可以说，国家摧毁了自愿合作所产生的自然的积极精神和责任意识。而且，新自由主义的主张，包括极度放大个人而忽视社会，强调个人完全产权而忽视公共财产，推崇土地（自然）和劳动（人的工作时间）的市场化和商品化，在投入－产出分析中把事物换算为金钱（如计算人们会为看一次日落或者一处珍稀景色花多少钱），无不鼓励着颇有社会达尔文主义之嫌的自私算计行为。

也就是说，强力国家和自由主义经济当道的这两个世纪，可能导致我们在适应社会时基本上失去了互助的习性，进而使我们面临这样一种危险：我们恰好在变为

xxiii 霍布斯所构想的那种自然状态下的危险掠夺者。利维坦也许创造了其自身的合法性证明。

社会科学实践中的无政府主义透镜

具有平民主义倾向的无政府主义者相信自治、自理和合作的可能性。在他们的各种主张中，他们尤其认识到农夫、工匠和工人本身就是政治思想家。这类人有自己的目的、价值和实践，但所有的政治系统都危险地忽视了这些。这种基础性层面，这种非精英的能动性，不仅遭到国家忽视，也被社会科学的研究背弃。哪怕是最为基础的政治哲学，也常常诉诸精英阶层的价值观、历史观、审美品位。而针对非精英的政治分析，则是在非精英的背后进行的。他们的“政治”只能在他们的统计数据——他们的收入、职业、教育年限、财产、住所、种族、民族和宗教——之外读到。

这种在数据之外寻找政治的做法，从未被精英主义政治研究赋予丝毫的恰当性。无论是国家的常规运作，还是左派的国家治理，在处理这一问题时的表现都非常接近：把精英之外的大众和“黎民”当作社会经济数据中的数值，把他们的需求理解为统计出来的卡路里摄入量、资金、工作常规、消费模式和过去的投票习惯。并不是说这些数据和现实毫不相干；令人难以容忍的（无论在道德意义上，还是在科学意义上）是其中的精英主义自满，也就是假装懂得了人的行为，却从不系统
地听取人们究竟如何理解自己的行为，不听取人们如何 xxiv
自我解释。补充一句，这并不是说大众的自我解释就完全是实话实说，没有策略性的隐瞒和不可告人的动机；实际上，他们的心机并不比精英阶层少。

在我看来，社会科学的责任所在，是为人们当下的行为提供最好的解释。这种解释必须基于所有可获取的证据，尤其在遇到有目的性、自主性的个体时，要先仔细考察他们的行为，然后再给出解释。有人认为，行动者对行为环境的认知与社会科学研究提供的解释无关，这种认识是荒谬的。不了解行动者自己对境遇的认知，就不能有效地认识行动者的境遇。关于这种人之行动的现象学，约翰·邓恩（John Donne）的论述最为精辟：

> 要是我们希望理解他人，并且声称我们实际上成功做到了，那么我们应关注他说了什么，否则就

> 是不礼貌且不明智的……如果我们不曾听取他（一个自主的行动者）对自身行为所能给出的最好描述，我们就不能主张我们比他自己更了解他。[6]

只要不遵从这样的原则，就都是瞒着历史的参与者犯了社会科学的罪。

一些注意事项

我在章下面的一级使用“碎片”为标题，以此提醒读者本书不会观照的某些事。“碎片”的意思近似于“片段笔记”。这些“碎片”不是一个完整的陶罐摔在
xxv 地上或者一盒拼图里的那种碎片，它们不能拼合起来成为完整如初的陶罐或者图画。我没有提出一个精心组织出来的无政府主义论点。（唉！）读者也许期待我能开发一套内部连贯的政治哲学，这套哲学构建于一些基本原则之上，以便和克鲁泡特金公爵或者以赛亚·柏林等人的学说做比较，乃至与约翰·洛克和卡尔·马克思产生联系。但这不会发生。如果我去参加一个测试，考察我是不是具有意识形态层面的严谨性的无政府主义思想

者，那么我肯定要不及格了。我能够触及的，并且将在本书中提供的，是一系列观察。我认为，它们合起来大致可以表达一个无政府主义思想者关于国家、关于革命、关于平等的想法。

考察无政府主义思想家或无政府主义运动的确会颇有启发性，但这也不是本书想要做的。所以在这本书里面，你不会找到蒲鲁东、巴枯宁、艾力格·马拉泰斯塔（Errico Malatesta）、西斯蒙第（Sismondi）、托尔斯泰、鲁多夫·洛克尔（Rudolf Rocker）、托克维尔、古斯塔夫·兰道尔（Gustav Landauer）等人的研究分析，尽管我参阅了多数无政府主义思想家的作品。你也不会找到关于无政府主义运动或者准无政府主义运动的记述：无论是波兰的团结工会、西班牙内战时期的全国劳工联盟，还是阿根廷、意大利、法国的无政府主义工人，本书都完全不会涉及其细节，尽管我已经尽可能充分地了解了“现实存在的无政府主义”及其主要的理论家。

“碎片”还有第二层意义。至少对我个人来讲，它代表一种写作风格和呈现形式的实验。我之前的两本书（《国家的视角》和《逃避统治的艺术》）构思得总体更像巨蟒剧团（Monty Python）仿讽中世纪战争的电影

里刻意而笨重的攻城武器。我在画提纲和图表时用掉了
很多卷 16 英尺长的卷纸，写了数千条注释。我偶然与
艾伦·麦克法兰（Alan MacFarlane）谈道，我因自己笨
xxvi 拙的写作习惯而烦恼，于是他向我介绍了散文家小泉八
云的技巧，以及一种更自发、更自由的写作形式——使
用对话式的开篇，先放出最能激发兴趣或者思考的论证
要点，然后从那个要点有机地铺开。我尽力遵照麦克法
兰的建议，对社会科学程式的仪式性遵从远少于一般情
形，也远少于我个人习惯的写作风格。通过这种做法，
我希望本书对于读者能够更友好，这当然是值得任何一
本有无政府主义旨趣的书追求的目标。

第一章　无序和号召力的功用

碎片一　关于无政府主义操演的斯科特法则

我在德国的新勃兰登堡发明了这条法则。那是在 1
1990 年的夏末。

那时，我即将赴柏林高等研究院（*Wissenschaftskolleg*）当一年客座研究员，因此想恶补一下我那所剩无几的德语技能。与每天去歌德学院和一帮满脸青春痘的中学生一起上课相比，我有一个更好的主意：找一家农场打工。考虑到柏林墙才倒了一年，我不确定东德是否有集体农场（我还知道“集体农场”的德语呢，叫 *landwirtschaftliche Produktionsgenossenschaft*，简写为 LPG，它们最近被改称为“合作社”）能给我一份六周长的暑期工作。我找到高等研究院的一个朋友，他的一个近亲的姐夫管着小村庄普列茨（Pletz）的一家集体农场。姐夫同志虽然对我有戒心，但还是乐意为我提供食宿。作为交换，我去农场劳动，每周还要付他一笔可观的租金。

这个计划在破釜沉舟学德语方面效果完美，但在当个农民、乐享田园方面则是噩梦。普列茨的村民，尤其
2 是我的东家，对我的来意疑心重重。我是不是来查集体农场的账目、寻找“异常”的探子？或者说，我是不是荷兰农民的先遣兵，抓住社会主义阵营崩溃的机遇，来打探可租的土地？

普列茨的集体农场是那次崩溃的一个极好例子。农场专门种植“淀粉用土豆”。这种土豆并不是用来做薯条的（不过必要的时候可以用其喂猪）；按计划，它们提纯之后会被用作东欧化妆品的淀粉辅料。柏林墙倒塌之后，社会主义阵营的化妆品市场毁灭速度之快，堪称史无前例。淀粉用土豆在铁道边堆成一座座山，在夏日的骄阳下恣意腐烂。

对我的东家来讲，除了担心农场未来落得一穷二白的下场，或我可能不怀好意地想促成这种结局，更迫切的问题是我堪忧的德语理解能力，以及他们的小农场可能由此蒙受的损失。我会不会放猪出错门，跑到别家的

田里？我在谷仓里忙完后，能不能每次都记得锁上门，防止吉卜赛人来偷东西？确实，我第一周的表现已足够令他们忧心了。他们总是绝望地朝我大吼大叫，好像人人都觉得只要提高分贝，就能以某种神奇的方式突破语言障碍。这显然是徒劳。他们明面上努力维持礼貌，但是晚餐餐桌上他们互换的眼神让我感到他们的耐心正在耗尽。而我呢，在一片怀疑的阴影下劳作，而且明显在工作上不称职、在交流上有障碍，这些都让我的精神有点吃不消了。

为了缓解一下双方的精神压力，我决定，每周花一天时间去附近的新勃兰登堡转转。进一趟城并非易事。3
你必须在铁道边立一面小旗子，表明有乘客等着上车，否则火车是不会在普列茨停的。回程路上，你也得告诉列车长你要在普列茨下车，然后他才会让火车停在前不着村后不着店的田野里。进了城，我或是逛大街，或是去咖啡馆和酒吧坐坐，假装读读德语报纸（并偷偷翻查我的小字典），努力保持低调。

从新勃兰登堡回到普列茨的火车每天只有一趟，在普列茨停站的时间是夜里 10 点左右。为了避免因错过火车而在这个陌生城市里像流浪汉一样过夜，我总是至少提前半个小时到达火车站。在连续六七周的时间里，一个意味深长的场景每周都会在火车站前上演。我有足够多的时间去思考并且参与它。我在进行了一番人类学家所说的“参与式观察”之后，萌生了“无政府主义操演”的观点。

新勃兰登堡火车站门外是一个十字路口，在这个小城里它绝对是交通要冲了。白天，行人、小车和卡车川流不息，它们来往的秩序全靠路口的一套交通信号灯维持。不过，一到夜幕降临，路上的车辆实际上就绝迹了，行人反倒多了起来。具体原因可能有很多，不过也许很多人就是想出门吹吹凉爽的晚风吧。在晚上 9 点到 10 点之间，过马路的人都五六十个一群，其中不少还喝酒喝到步履蹒跚。路口红绿灯间隔时间的设置是用来照顾白天的车流的，对夜晚密集的人流并不友好。我一次次看到，五六十个人耐心地站在人行道的转角上，等着行人通过的信号。他们能等四分钟、五分钟乃至更久，仿佛那绿灯永远不会亮起来似的。新勃兰登堡位于梅克伦堡平原上，其地形如煎饼一般
4 平坦。在夜晚时分向十字路口的四个方向远望，你就能
看到一英里长的笔直大道，上面一辆车都没有。偶尔你

还能看到一辆孤单瘦小的特拉班特牌轿车[①]冒着黑烟，缓慢地朝路口驶来。

这样的场景我加起来观察了大概有五个小时，能记起两次单个行人闯红灯的情况。他们前脚迈出去，后面的行人就开始了口头和手势上的指责，对闯红灯的行为毫不认可。有时我也是过马路队伍中的一员。每当站在十字路口时，我如果因搞砸了最近一次德语交流而耗光了自信，就会和大部队一起等到绿灯亮起，害怕自己一闯红灯就得承受几十双眼睛的怒目而视。但要是一天下来我用德语交流得很顺利并因此自信心爆满，我就会义无反顾地闯红灯，并且在心里给自己壮胆：这是一条和理性背道而驰的小规定，遵守它的人都犯了糊涂。

在众人反对之下闯红灯竟然需要如此厚的脸皮，这是我始料未及的。我的理性信念在众人的指责中看起来是多么的无足轻重啊！义无反顾地踏上马路也许能给人留下深刻的印象，但是此举要求的勇气是我通常够不到的。

为了解释自己行为的正当性，我开始在脑中排练一

---

① 特拉班特（Trabant）是民主德国的一个汽车制造商。

段用完美的德语表达的演讲。“你们知道，你们自己，
尤其还有你们的祖辈，可以再多一些违抗法律的精神。
有一天，你们会接受正义和理性的号召，去违抗更大的
法律。那一刻将决定一切。你们要有所准备。你们要如
何为那事关重大的一天绸缪呢？你们得保持‘良好状
态’，这样一来，当那个重要的日子到来时，你们就会
做好准备了。你们需要的是‘无政府主义的操演’。每
5 隔一段时间，去反抗一些细小的、没有道理的法律，即
使只是闯次红灯。用你们自己的脑子去判断一条法律是
否公正合理。如此，你们就能状态良好；当那个重要的
日子到来时，你们就会有所准备。”

在什么时候违背成规是有意义的，这值得深思熟虑，哪怕是在闯红灯这种微不足道的小事上。后来我在拜访一位退休的荷兰学者时又想起了这件事。我十分欣赏他的作品。在我去看他那会儿，他是一个坚定的左派，在荷兰学界是一个煽动者式的人物。他住在一个名叫瓦格宁根（Wageningen）的小城，我拜访他的时候他邀我去他家附近的一家中国餐馆吃午饭。我们走到一个十字路口，红灯。瓦格宁根和新勃兰登堡一样地势平坦，从四个方向都能望到几英里之外。一辆驶来的车都

没有。我不假思索地走下了人行道，但我刚一迈出脚，沃特海姆（Wertheim）博士就说："詹姆斯，你必须等灯。"我轻声抗议着，但同时还是回到了人行道上："可是，沃特海姆博士，路上没有车呀。""詹姆斯，"他立即反驳说，"这会教坏小孩子。"受教了，我无法反驳他的立场。这位学术上属于左派的煽动家竟然心怀细致入微的（荷兰）公民责任感；而我是一个粗心的美国牛仔，对自己的所作所为给公民同胞造成的不良影响毫无顾忌。如今，我在闯红灯之前都会先四下张望，确认我这个反面榜样不会毁掉哪个小孩子。

回到新勃兰登堡。在我的农场生活即将结束的时候，
发生了一件波及更多人的事件，它以更加显著的方式唤
起了挑战成规的问题。我从当地报纸的一个小版块中读
到，从西德（此时距离德国正式的统一，也就是德国的
"Einheit"，尚有一个月时间）来的一群无政府主义者用
平板货车载着一座巨大的雕像，到东德的各城市广场巡
回展示。这是在一块花岗岩里透雕出的一个逃跑者的轮 6
廓。雕像被称为《两次世界大战的无名逃兵纪念碑》
（*Denkmal an die unbekannten Deserteure der heiden Weltkriege*），上有铭文云："以此纪念拒绝杀害同胞的人。"

这样高屋建瓴的无政府主义姿态深深震撼了我。它所挑战的，是那近乎普世的“无名战士”主题：普通、平凡的士兵为完成国家赋予的使命而投入光荣的战斗。即便在德国，即便在统一前的东德（有“日耳曼土地上第一个社会主义国家”之称），这样的姿态也遭到了明显的拒斥。不论进步的德国人曾经如何彻底地拒斥纳粹德国的宗旨，他们依然毫无保留地敬佩那个时代的那些忠于国家、不畏牺牲的军人。捷克的“反英雄”好兵帅克宁愿在温暖的炉火旁边享用他的香肠和啤酒，也不愿为国而战，他或许是贝托尔特·布莱希特[①]心目中反战人民的代表；但是对于东德快要终结的那几年的城市官员来说，这座深具讽刺意味的雕塑绝不是闹着玩的。雕塑在每个城市广场的停留时间短到恰好让官方来不及反应过来禁止它。一场欢乐的追逐战就这么上演了：从马格德堡到波茨坦，再到东柏林、比特费尔德、哈雷、魏玛、卡尔·马克思城（开姆尼茨）、新勃兰登堡、罗斯托克，最后是当时联邦德国的首都波恩。这种

① 贝托尔特·布莱希特（Bertolt Brecht，1898～1956），德国剧作家，在纳粹统治时期流亡国外，二战后又返回东德。他也是《四川好人》的剧作者。

辗转于城市间的逃亡，还有它必然会吸引的公众关注，可能正是发起人想要的效果。

这类政治特技表演是会传染的，而且对柏林墙被
拆除后维持了两年的兴奋气氛起到了推波助澜的作用。
很快，全德国的激进人士和无政府主义者在好几十个
城市里都竖立起献给逃兵的市政纪念碑。此事非同小 7
可。过去一贯和怯懦、背叛相联系的行为突然被捧上
神坛，成了光荣乃至值得效法的举动。服务于非人道
目标的爱国主义曾令德国付出了异常高昂的代价，所
以德国并不出人意料地成为反思的先行者，公开质疑
服从的意义，并且为逃兵立起纪念碑，让他们在广场
上取代马丁·路德、腓特烈大帝、俾斯麦、歌德或者
席勒的位置。

献给逃跑行为的纪念碑带来了观念上和美学上的挑战。散布德国各地的逃兵纪念碑中的某些拥有持久的艺术价值，例如坐落于乌尔姆的由汉娜·斯图茨·门泽尔（Hannah Stuetz Menzel）创作的逃兵纪念碑。它至少成功表达了这种高风险的不服从行为所能激发的感染力。

碎片二 论不服从的重要性

值得我们关注的，是形成了榜样效应的不服从行为，尤其当它们引发连锁反应，促使别人争相仿效时。若是这样，我们面对的就不是缘于胆怯或故意（或两者都有）的个体行为，而更多是有着大规模政治效应的社会现象。微小的拒绝服从被复制几千次后，足以彻底打乱将军或者国家元首制订的大计划。这种小的不服从永远上不了新闻头条，但是正如千万毫无头脑的珊瑚虫能够创造珊瑚礁，成千上万的不服从、开小差也能够
8 制造经济或者政治上的巨大礁石。一种隐秘的双重共谋使得这些行为难以为人察觉。做坏事的人从不希望把注意力吸引到自己身上，他们的安全感来自他们的隐身。官方则站在自己的立场不愿意人们注意到日渐高企的不服从水平，否则就有鼓励其他人仿效的风险，并且让人们发现官方的道德支配地位的脆弱性。这就造就了一种奇异同谋关系下的沉默，使得其中的不服从行为几乎不见于历史记录。

这些我在别处命名为“日常形式的抵抗”（everyday

forms of resistance）的行为，虽然极少进入历史记载，却暗中对政权、国家和军队产生了巨大的、常常是决定性的影响。我们可几乎肯定地把美国南北战争中邦联的失败，归结于士兵逃跑和抗命行为的大量累积。 9
1862 年秋，也就是南北战争开始了一年多一点的时候，南方发生了大范围的作物歉收。南方士兵，尤其是来自不蓄奴的穷乡僻壤的士兵，收到了饥饿的家人的来信催促他们返乡。好几千人确实回去了，有时整个连队的士兵都逃得精光，同时带走了自己的武器。他们回到家乡之后，大多积极地抵抗征兵，直到战争结束。

1863 年冬，北方联邦在传教士岭（Missionary Ridge）的战役中取得了决定性的胜利，战争的大局已定。此时，南方邦联的军队发生了大出血般的兵力流失，大部分逃兵依然是来自偏远地区的小土地所有者。他们和奴隶制没有直接利益关系，尤其没有理由为之献出生命。当时南方流行的一句口号总结了他们对这场战争的态度："富人来宣战，穷人上战场。"该说法能被一个事实进一步印证：拥有超过 20 名奴隶的富裕庄园主可以在家里保留一个儿子，名义上是为了保证后方奴隶的秩序。总之，大概有 25 万处于应征年龄的南方男性不是逃避了征兵，就是在应征后又从前线逃了回去。对于人力上本来就处于劣势的南方来说，这是沉重的一击。除此之外还有一击。有数量不容忽视的奴隶，尤其是靠近南北交界处的奴隶，逃向了北方，其中很多人还应征加入了北军。另外，有证据显示南方剩下的奴隶乐于看到北方取胜，不愿意为了加速生产军需品而把自己弄得筋疲力尽，于是便能偷懒时就偷懒。他们也常常躲进避难地，例如在弗吉尼亚州和北卡罗来纳州交界处的大迪斯默尔沼泽（Great Dismal Swamp），奴隶躲入后其足迹就
10 无从追踪了。这是最后的一击。每一个逃跑和怠工者都有意保持低调，避免引人注意，但这种做法千万次累加起来就放大了北方的人力和工业优势，而且很可能决定了邦联最终的战败。

类似的大规模抗命也让拿破仑的征服战争陷入困境。虽然有说法称，拿破仑的士兵把法国大革命装进行囊里，带到了欧洲的其他地方，但是我们可以毫不夸张地说，本应肩负这些行囊的士兵做出的不服从行为，严重侵蚀了征服战争的影响范围。在共和国时期的 1794 年至 1796 年，以及从 1812 年到拿破仑帝国的终结，从

乡间招募兵员的巨大困难严重损害了国家力量。家庭、村庄、地方官员乃至各县镇都合谋着收留从军队逃回来的士兵，同时也都帮助人们逃避征兵。有的人甚至为此剁掉了自己右手的一根甚至几根手指。脱队和逃避征兵的人员比例可以视为一个反映政权人心向背的指标，而鉴于这些“用脚投票的选民”在战略上对拿破仑的军需官的重要性，这一指标可以说是决定性的。第一共和国和拿破仑帝国的公民也许热情地接受了普遍公民权的许诺，但并不热衷于它的逻辑对应物——普遍的兵役义务。

让我们停一下，把注意力转向这些行为的一个特别之处：行为者都是无名的，他们不会大声喊出自己的名字。实际上，这些行为的匿名性恰恰促成了它们的有效性。偷偷脱队不同于直接挑战军队指挥官的公开兵变，因为前者不公开表达诉求，不发表宣言，要悄声而非发声。不过，一旦逃跑的规模足够大，让指挥官得知了，
就会限制指挥官的野心，因为他们知道士兵已经靠不 11
住了。在美国发动的声名狼藉的越南战争中，存在“友军自袭”的案例，也就是士兵故意用破片手雷炸死长官的事。越是经常让部下执行危险巡逻任务的军

官，其遭部下用手雷刺杀的可能性就越高，针对他的刺杀方式也越凶残。该行为依然不会暴露行为者的姓名，其目的是减小军人在战争中的死亡风险。可以想象，军官在接受置自己与部下于险境的任务时，友军自袭的报告（不论情况是否属实）会使他们陷入何等的犹豫。据我所知，尚未有人研究过友军自袭的具体案例，更没有人关注它们在战争的发展和结束中起到的作用。这又一次表明，此种沉默以隐匿于历史的方式改变着历史。

沉默、匿名，以及常常存在的共谋关系——这些条件下的违法和不服从也许是农民和下层阶级在人类历史中偏好的政治行为方式；对他们来说，公开的反抗太危险了。在约从 1650 年到 1850 年的这两个世纪间，闯入王室或私人领地偷伐和偷猎（包括砍树、砍柴、收草料、打猎、捕鱼）是英格兰最普遍的不法行为。我说“普遍”，便是说它在平民中既普遍存在，又获得了普遍认可。因为农民从来不认可国王或者贵族对于自然资源的所有权声明，而是认为森林里的、溪流中的和开阔地（荒野、沼泽、开阔草地）上的都是“自然的免费馈赠”，所以他们群起侵犯贵族的财产权。凡此往复，足以让精英阶层严加规定各地区的财产权。然而，这种对财产权利的广泛侵犯是下层阶级偷偷进行的，没有人公开地宣战。这相当于村民大胆行使了他们自行主张而又不曾正式声明的土地权利。在偷猎案件方面，地方上的串通共谋已经是老生常谈了，猎场看守很少能找到愿意去法庭做证的村民。

在产权的历史性冲突中，对垒的双方都拿起了最适 12
合他们的武器。精英阶层控制着国家的立法机器，拿出了圈地法案、所有权证书、不动产自由保有权，以及警察、猎场看守人、森林看守人、法庭和绞刑架，他们不过是想确立并维护自己的财产权利罢了。农民和下层群体没有这些重型武器，转而依靠盗猎、偷窃和私自占用等手段，来对抗精英阶层的产权声明并表达自己的诉求。这些“弱者的武器”同从军队擅自脱伍一样，都是隐蔽而匿名的。它们与公开反抗截然不同，但又有异曲同工之妙。所以说，做逃兵是兵变的低风险替代选项，私自占用土地是公开抢占的低风险替代选项，偷猎和偷伐是公开声索木材、猎物、鱼类所有权的低风险替代选项。这些手段对于当今世界的多数人口，当然还有各历史阶段的下层阶级来说，是唯一可实践的日常形式的政治。此举要是再失败，他们就只能诉诸更绝望、更公开的冲突方式，比如说骚乱、叛乱和起义。后面这些征求权利的努力会猛然间出现在官方历史记载中，在历史学家、社会学家钟爱的档案中留下痕迹。档案是他们的为学之本，所以他们将公开的阶级冲突置于过度崇高的地位上，远远超出了在呈现得更全面的阶级斗争中，公开冲突应占据的位置。至于沉默、低调、寻常的不服从行为，则以档案的雷达监测不到的低姿态从历史中走过；它们不挥舞旗帜，不书写宣言，无官方参与，无稳定组织，于是便不为人所注意。不为人知正是底层政治形式的实践者之打算。可以这么说，历史上农民和底层
13 阶级的目的就是待在档案之外。而当他们现身于历史档案时，肯定有什么地方出了大乱子。

我们如果审视一番底层政治的宽广频谱，即从小而匿名的抵抗行为到大规模的群众叛乱，便会发现在发生更危险的公开冲突之前，通常有匿名威胁和暴力行为的升温：恐吓信、纵火或威胁纵火、偷杀牛只、故意破坏、夜间捣毁机器，等等。地方精英和地方官员一贯知道这些现象很可能是公开叛乱的先兆，而且这些事的谋划者也希望它们被如此解读。在近现代精英的理解中，

不服从行为的频率和“威胁等级”（多亏了国土安全局①）是绝望情绪和政治动荡的早期信号。卡尔·马克思年轻时写得最早的几篇专栏文章中，有一篇细致地探讨了在莱茵兰地区，工人失业、工资减少同私人领地上薪柴偷盗的案发频率有何相关性。

我认为，这种违法行为是集体行为的一个特殊子类。它们之所以通常不被视为集体行为，在很大程度上是因为它们不公开表达诉求，同时也是因为做出行为的个人总是自利的。谁说得清偷猎者关心的是暖暖炉火上的一锅炖兔肉，还是反抗贵族对自己刚刚盗取的木材和猎物的所谓的财产权？给历史学家留下可供记载的动机，这肯定不是偷猎者的利益所在。他享用木材和猎物的意图之实现，有赖于他保证自己的行为与动机不为人知的能力。此外，这种违法行为若想取得长期的成功，他与友人邻居就必须合谋，后者要相信他们自己对森林 14
资源的权利，相信他们自己也可以盗猎，并且不会去法庭做证或向当局告发。

① 美国国土安全局有一个评估威胁的系统，将威胁分为红、橙、黄、蓝、绿五个等级。

实际上的同谋并不需要人们真正聚起来密谋。更多的政权不是被革命的先进力量或叛乱的暴民推翻的，而是在所谓的“爱尔兰式的民主”——千万普通人沉默而固执地不服从、不合作与不守序——的压力下一点一点屈服的。

碎片三　还论不服从

默会的协同和违法能够达成形似集体行为的效果，而又没有集体行为的不便与风险。要明白这是如何实现的，可以看看公路限速的例子。想象一条限速 85 公里每小时的公路。很可能就算你开到时速 86 公里、87 公里、88 公里乃至 90 公里，交通警察也不会把你拦下来罚款，即便理论上这已经违法了。这个“让给不服从行为的空间”就这样被占领了，很快整条路上的车都会以 90 公里的时速前进。那么，要不要开到时速 91 公里、92 公里、93 公里呢？司机们会觉得，比实际上的车流速度快上一两公里是很安全的。很快，90 公里到 95 公里的时速很可能也成了被征服的空间。这样一来，所有以时速 95 公里开车的司机，都完全地把他们被免于处罚的相对安全处境，建立在了其周围以差不多的速度行使的车群之上。这里存在某种产生于观察和默会协同的传染性效应，即便没有一个“司机中央委员会”来 15
开会商议该如何推行公民的不服从行动。当然，交通警察有时候确实会介入进来，开一些罚单或者逮捕一些超速司机。于是，司机在决定开多快的时候，就要把交警的介入规则纳入计算之中。无论如何，官方在可容忍的最高速度上施加的压力，总是在被那些着急的司机试探；如果执法的压力减退，车速就会相应地上提，填满执法压力的减退留下的空间。但这个类比不能推得太远。超速图的终究是快，无关权利和不满，警察给超速司机带来的也不是什么大的风险。(但如果换一种情况，车速限制是时速 85 公里，而且全国只有三名交通警察，他们处死了五六位超速司机，把尸体放在高速公路边示众，那么我上面描述的这一套作用模式就会戛然而止了!)

我发现城市规划中存在着一个类似的现象：“抄近道”踩出来的小径最后成了砖石铺好的步道。想象一条日常的步行路线，如果要求其与铺好的人行道重合，那么人们就会被迫规规矩矩地走一个直角，而非踏出去走一条斜边。但实际情况很可能是，少数几个人选择抄近道，且如果他们未遇制止，就会踩出一条小径，然后其他人如果要节省时间就也会禁不住抄这条近道。如果走的人多了，且市政管理员又比较宽容，那么最后近道就可能成为铺好的人行道。这又是默会的协同。当然，在那些从小定居点成长起来的古老城市中，所有的街道其实都是这样产生的——日常行人和马车从水井行至市场，从教堂或学校行至工匠作坊，而老城街道就是这些路径的固
16 化。这极好地诠释了庄子的一句格言：“道行之而成。”

从行动到惯例，再到习俗，最后到法律中规定的权利——这种权利的形成模式获得了习惯法和实在法的认可。在英美传统中，关于逆权侵占（adverse possession）的法律对此有所体现：非法侵入或占有如果持续了一定的年限，就可以成为权利声索的证据，帮助占有行为寻求法律保护。在法国，一种侵入行为如果可以被证明是长期存在的，就能被认定为习俗，从而成为依法享有的权利。

在专制统治下，臣民如果无权选举代表来表达他们的意愿，也没有常规的公开抗议途径（示威、罢工、有组织的社会实践、持不同意见的媒体），就别无他法，只能诉诸磨洋工、破坏、偷猎、盗窃，以及作为最终手段的骚乱。当然，现代公民拥有代议民主制、言论自由、

集会自由，上面的抗议形式已经显得过时。毕竟，代议民主制的核心目的正是让多数选民通过完全制度化的途径实现诉求，不管这些诉求是多么的雄心勃勃。

一处残酷的讽刺在于，民主制度的伟大承诺很少在实践中实现。19 世纪、20 世纪的多数重大政治变革都伴随着大量无政府主义插曲：公民不服从、叛乱、违法、扰乱公共秩序，以及诉诸最极端的手段，即打起内战。这些扰乱不仅伴随着剧烈的政治变革，而且往往是变革的发生要素。如果没有经济衰退或国际战事带来的
巨大压力，很遗憾，代议制机构和选举这两者本身似乎 17
很难引发重大的变革。因为自由主义民主政体中的财产和财富变得集中，而富有阶层在媒体、文化领域又享有特权地位并由此拥有了政治影响力，所以劳动阶层的选票不能转化为激进的政治变革。这并不奇怪，葛兰西对此早已有所论证。[1]常规的议会政治更为人称道的是它的稳定性，而非促进重大改革的能力。

如果这样的评价大体无误，我们就必须正视如下悖论：**公共秩序遭受的破坏和扰乱对民主制度下的政治变革产生了积极的作用**。拿 20 世纪的美国为例，在这一百年间它经历了两次政策的重大变革：30 年代的大萧

条和60年代的民权运动。从我们的视角看，两者皆有的一个惊人之处在于，大众对公共秩序的威胁与扰乱在改革进程中扮演了重要的角色。

可代表大萧条时期的重大政策转变的，有失业补偿、
大型公共工程、社会救济和《农业调整法》(Agricultural
Adjustment Act)。无可否认，它们受到了世界性的经济
衰退的推动。但是，经济危机并不是通过收入数据和失
业数据向人传达它的政治分量的；给人直观感受的其实
是越发猖獗的罢工、偷盗、抵制租税、对物资部门的准
暴力围攻、叛乱——用我老母亲的话说，是那些教商业
和政治精英懂得“敬畏上帝”的事。这类骚动在当时
看来有演化为革命的潜能，足以为精英阶层敲响警钟。
这里的骚乱最初是未经制度化的。也就是说，它最初并
18 不由政党、工会或可辨的社会运动引发。它不体现任何
成体系的政策议程，从根本上看是无结构、无秩序的，
全然是对既有秩序的威胁。正是出于这个原因，没有可
以讨价还价的对象，也没有人可以保证政策变化后秩序
就能恢复。骚乱的威胁程度与其组织性的缺乏程度直接
相关。官方可以和工会或者发动进步主义改革运动的团
体谈判，它们都是和机构体系相啮合的机构。工会罢工

和自发罢工是两回事，即便是工会会长也叫不停一场自发的罢工。一场有领导者的示威，即使是一场大规模示威，也与民众蜂拥而上的骚乱不同。后者没有统一的诉求，也没有可谈判的对象。

威胁公共秩序的大规模自发敌对和混乱状态的最终源头，是失业人口的增加，以及那些有幸保有工作之人工资的减少。支持日常政治的一般条件突然消失了。常规的治理与制度化的常规反对及代表途径都不再奏效。在个人层面，这种反常表现为流浪、犯罪、故意破坏。在集体层面，自发反抗以叛乱、占领工厂、暴力罢工、无序示威的形式发生。改革浪潮的发生得益于大萧条释放的社会力量，控制这种社会力量不仅是政治精英和财产所有者力所不逮的，对工会和左翼政党来说也是如此。精英的改革是在压力之下实现的。

我的一位机敏的同事曾指出，西方的自由主义民主制大体上为社会顶层，也就是在财富和收入分布中属于约前 20% 的那类人服务。他进而认为，顺利实行这一宗
旨的一个诀窍（尤其）在于，让收入分布再往下的 30% 19
到 35% 的人害怕剩下的那一半穷人，而不是嫉妒最顶的 20%。从半个多世纪以来收入不平等现象的持续性以及

近来这种不平等的强化来看，这套做法取得了相对的成功。该规程万一发生崩解，可能出现的危机状况无外乎民众的愤怒溢出了正常的渠道，从构架上威胁了常规政治的运行。存在于常规的、制度化的自由民主政治中的残酷事实是：穷人的利益大体上被忽视了，除非有哪次突然而猛烈的危机把他们抛到大街上。正如马丁·路德·金所言："暴动就是不被倾听者的语言。"大规模的混乱、暴动和自发反抗始终是穷人最强力的政治底牌。这种行为并非没有结构，它们由邻里、工作或家庭网络构成；但这些结构是非正式、自发组织、转瞬即逝的，并且存在于正式的政治机构之外。结构性的存在是毫无疑问的，只不过它不是那种顺从于制度化政治的结构性。

也许自由主义的民主制最大的失败在于，纵观历史，它的机构没能成功保护那些没有优势地位的公民在经济上和安全上的利益。民主的进步和革新取决于体制外部的重大失序事件，这样的现实和民主制度承诺的制度化的和平变革相去甚远。而且同样明显的是，在重大的社会和政治改革时期，政治系统的合法性被重新树立，关于民主的政治理论却没能理解危机和制度失效扮演的关键角色。

一种错误且实际上堪称危险的主张称，这种大规模的动荡总会（乃至都会）导致重大的结构性改革。其实并不都是如此。它们也可能引发政治管制收紧、公民 20
权利受限，在极端的案例中还会终结代议民主制。不过上述情况不能否认这样一个事实：多数重大改革的发起伴随着重大失序的发生，以及精英阶层控制、规范这些社会失序的仓促行动。有的人更愿意参与形式上更“有礼貌的”集会和游行，拒绝暴力，以法定权利和民主权利为根据占领道德高地。这是完全合理的。但人的喜好问题不论，礼貌而和平的诉求极少促成结构性的变革。

就工会、政党乃至激进的社会运动而言，它们的任务正是将难以控制的抗议和愤怒纳入制度的轨道。可以说，它们的功能就是把愤怒、失望和痛苦转译成统一、连贯的政治计划，以作为政策制定和立法的基础。它们在难以管束的大众和厘定规则的精英之间发挥了缓冲带的作用。这也就默认了它们如果想要实现自己的职责，就得有能力打造（原则上）可被立法机构直接受理的政治诉求，且应在此过程中约束、控制骚动的民众，保证自己能合格地在政策制定者跟前代表民众（或者他们中的大多数人）。政策制定者与这种“转译机构”进行协商的意愿建立在如下前提上："转译机构"享有选民的信任，从而可以控制它们声称代表的选民。由此可以毫不夸张地说，这种组织化的利益团体寄生于它们声称代表的自发反抗者的利益。当统治精英努力控制骚乱的民众，疏导他们回到正常的政治轨道时，那些代表性机构的影响力之源正是民众的反抗。

21 于是又出现了一个悖论：在上述节点上，组织化的改革利益团体从民众反抗中获得一定程度的政治可见度和影响力，然而，反抗既不由它们发起，也不受它们控制，尽管它们获得影响力的前提假设是它们会有足够强的约束力，来让叛乱的民众回到日常政治的轨道。而如果它们成功做到了，悖论就会更进一步，因为一旦作为影响力之源的反抗平息了，它们左右政策的能力就会减弱。

20 世纪 60 年代的民权运动中就发生过这样的事。联邦选举登记员被派往实行种族隔离的南方，[①] 以及《选举权利法》的通过，这两件事的快速实现就遵循了前述模

---

① 南方为了使黑人得不到选举权，一直在交税、居民资格、文化水平等方面设置选举资格限制。对此，联邦政府在一些社会运动组织的配合下介入了黑人选民的登记程序。

式。选民登记运动、自由乘车运动和静坐抗议是许许多多行动者互相动员、响应的产物，这群抗议的乌合之众无视了协同配合的努力，当然也无视了组织的努力。他们避开了特别为民权运动的目标设立的组织，如学生非暴力协调委员会（Student Non-Violent Coordinating Committee），以及更古老、更主流的公民权利组织，如全国有色人种协进会（National Association for the Advancement of Colored People）、争取种族平等大会（Congress of Racial Equality）和南方基督教领袖会议（Southern Christian Leadership Conference）。凭借其自身的热情、自发性和创造力，潮水般倾泻而来的社会运动远远跑在了希望代表它们、协调它们、规范它们的社会组织之前。

这场大规模的扰乱在很大程度上由种族隔离主义活跃人士和地方政府的激烈反应引发，并且在广大美国南方地区造成了公共秩序危机。在这一问题上，倦怠多年的立法工作突然在国会中运作起来，约翰·肯尼迪和罗伯特·肯尼迪[1]竭力控制日益蔓延的暴动和

① 罗伯特·肯尼迪是时任美国总统约翰·肯尼迪的弟弟，当时是美国的司法部长。

示威浪潮，冷战的政治宣传战背景也坚定了他们的改革决心——南方发生的暴力事件已经足以让人把美国
22 当作一个种族主义国家。大规模的失序在短时间内促成了和平的组织运作和游说努力了数十年都未能取得的结果。

我用了一个十分庸常的例子来开始这一章，写的是在新勃兰登堡闯红灯的事。我并不是号召大家为违法而违法，当然也不是为了节省那短短的三分钟。此例的目的在于说明，习惯性的自觉服从可能导致某些荒唐的情形，每个人在经过理性的反思后几乎都会发现其中的荒谬性。实际上，近三个世纪以来的所有伟大的解放运动最初想要实现的，都是挑战某种法定秩序，对付守卫这些秩序的政治力量更是理所当然之事。如果没有几个勇敢的灵魂敢于突破规则与习俗（通过静坐抗议、示威，以及对既定立法的大规模违背），就没有后来的解放运动。冲击秩序的行为经过愤怒、挫败、暴力的激化后，将清楚传达出这样的信息：人们的诉求已经不能在现有的制度和法律框架内解决。所以，就他们违背法律的意愿而言，本质的一点不是种下失序的种子，而是要求设置一种更加公正的法定秩序。我们如今的法治相较从前

要更加公正、更加自由，这也部分归功于那些勇于违抗不公法律的人。

碎片四　广告：“诚征追随者，自愿服从领导”

暴动和扰乱不是那些不被倾听者的唯一发声方式。
精英和领袖在某些时候会尤其关注这些失语人群的声
音，关注他们的喜好与不满。可以想想领导魅力
（charisma，也译为“号召力”）的情况。通常，我们可 23
以说一个人“拥有”号召力，就像我们说他的口袋里
有一百块钱，或者车库里有一辆车一样。但实际上，魅
力型领导是一种关系，其形态完全取决于受众和文化背
景。在西班牙或者阿富汗具有号召力的行为，在老挝或
者印度可能与领导魅力毫无关系。也就是说，领导魅力
取决于行为接受者的反应与响应。有些时候，精英阶层想
尽办法去激发这种响应，去找到正确的音高，让自己传达
的信息与听众的意愿和口味协调一致。在少数情况下，我
们能看到这种措施确实在发挥作用。来看马丁·路德·金
的例子，对一些人来讲他可能是20世纪最具领导魅力的公

共政治人物了。泰勒·布兰奇（Taylor Branch）为马丁·路德·金的生平和民权运动做了敏锐而细致的记录，通过它们我们可以真切地看到那种对“正确音高”的寻找在现实中的体现，以及在美国黑人教会的对唱传统（call and response）中的体现。这里，我要长篇引用布兰奇记录的 1955 年 12 月马丁·路德·金在霍特街基督教青年会（YMCA）的演讲，当时正值罗莎·帕克斯被判入狱引发的蒙哥马利巴士抵制运动的前夕。

> “今晚我们会集此地，是为了一件严肃的事情。”他语速均匀，语调先是上扬继而下挫。接着，他停了一会，只听见从听众中零星传出一两声“是的”，他们静待着下文。金看得出他们是能够呐喊的，但是他们想看接下来他的演讲会怎么展开。[他说罗莎·帕克斯是一位好公民。]
>
> “我本着法律的权威——虽然我并不拥有法律的权威——说……法律不曾完全澄清。”这句话说
> 明金是一个在意清晰表达的人，但它不是听众期待
> 24 的下文。“没有人会质疑她的高尚品格，没有人会
> 质疑她对基督的信仰。”

“你说得没错。”台下有人轻轻地附和。

“因为拒绝站起来让座，她就被捕了。”金重述了事实。听众中有人窃窃私语，附和着金的中等语速。

他又停顿了较长时间。

“而你们，我的朋友，你们知道，在这个时代，人们已经不能继续忍受被压迫的铁靴踩在脚下了。”他高声道。

他收到了一片“对”的回应，然后单个的响应突然汇成了愈发热烈的欢呼与掌声——这都是在一秒钟之内发生的。这令人敬畏的声响经久不息，犹如不肯破碎的海浪；每当一浪落下，室外就传来了又一轮声浪，且它被推得更高。在低声部仿佛还加上了雷声，这是脚踩在木地板上的声音。最后这轰鸣似乎已经不再是耳中的声音，而是胸膛中的震动。噪声的浓云笼罩了整座建筑，不肯散去。但仅仅一句话就将它释放了，让黑人教会里的这场对唱超越了政治集会的吵闹，成为某种金不曾见识的东西，就像是一小丛灌木里藏着一只硕大的兔子。当声响终于平息时，金的声音再次高高升起。“在这

个时代，我的朋友们，人们不能忍受被抛进耻辱的
深渊，经历无尽、绝望的冰冷，”他宣告，“在这
个时代，人民不能忍受从7月艳阳般的生活中被拖
25 走，然后被弃置于隆冬的阿尔卑斯山的刺骨寒风
里。在这个——”金想再讲一层，但是听众的呼
喊已经淹没了他。这吼声，也不知是因被他触碰神
经而爆发的回响，还是对演讲人的滔滔雄论的赞
许。“我们会集在此——我们来，是因为我们已经
不能忍受。”金重复道。[2]

图1 马丁·路德·金的最后一次布道
（1968年4月3日摄于田纳西州孟菲斯）

布兰奇生动描述的互动场景贯穿了整场演讲，且在马丁·路德·金的多数演讲中反复出现。号召力就如同一次完美的定调。马丁·路德·金发展出了一些主题和一套比喻来传达号召力。一旦感受到强烈的回应，他便会用稍微不同的方式重复那个话题，从而维持听众的热情并且进一步阐明该话题。马丁·路德·金在修辞上的才华固然令人赞叹，但其号召力完全取决于他找到正确音高且与听众内心最深处的情感和欲望形成共振的能力。我们如果以长程的视野审视这位黑人基督教社群、黑人民权运动和黑人非暴力抵抗运动的发言人（它们的听众略有差别），就能看到，那些看似被动接受马丁·路德·金的滔滔雄辩的听众，是如何帮他写出演讲稿的。他们用自己的反应选择了演讲的主题，这些主题能够激发生动的情感联系，会被马丁·路德·金以独特的方式放大、发展。在他的演讲话题目录里，造成回音的话题被拓展，应者寥寥的话题则被放弃。这是双方的合奏，所有魅力型领导的风格都不外乎如此。

获得领导魅力的关键条件就是认真倾听并且回应。认真倾听这一条件意味着对受众的某种依赖，也就是某种权力关系。强大权力的一个特征就是不需要倾听。底 26

层人士普遍比顶层人士更懂得倾听。奴隶、农奴、佃农、工人、仆人的生存品质，在极大程度上仰仗于能否准确解读掌权人的情绪和意愿；而奴隶主、地主和老板常常可以忽视从属的意愿。所以说，倾听底层的结构性条件对于魅力型领导至关重要。在马丁·路德·金的例子中，对底层的关注建立在他被推举为蒙哥马利巴士抵制运动领导者的基础上，也有赖于黑人社群的热情参与。

若想考察这种反常识的“讲稿写作”如何发生在其他环境中，我们可以想象一位中世纪游吟诗人，他在
27 市场里以唱歌奏乐为生。为了说明问题，我们还得假设这位游吟诗人是一个“低端市场”的演奏者——他在城镇的贫民区表演，全靠听众丢给他的一两个铜板买每天的面包。最后，我们还要想象这位诗人的曲目中有一千首歌，并且他是镇里的新来者。

我猜想，他最开始会随意选一首歌，或者唱一首在之前拜访的镇子中大受欢迎的歌。他日复一日地观察听众的反应，并且评估自己在一天结束时收获的铜板。也许听众还会点歌。一段时间之后，他如果是一个自利的个体，就一定会把演唱的范围收窄到听众喜爱的曲调和

主题上——一些歌会被剔除出曲目，另一些则会被重复演唱。假以时日，听众会用自己的品位和欲望重塑游吟诗人的曲库，正如马丁·路德·金的听众慢慢塑造了他的众多演讲。这个干瘪的故事没能把演唱者或者演讲者的创造性考虑进去，他们其实可以不断尝试新的主题，自行发展它们，或者回应受众不断变化的口味。不过这个故事要说明的是号召力本质上的相互作用关系。

这则游吟诗人的寓言其实很像一个中国学生在“上山下乡”时的经历。他身材纤弱，身上没有对村民有用的技能，所以在下乡之初会因只吃饭却不出力而颇不受人待见。村民们本来就吃不饱饭，于是只给他很少的食物，甚至干脆就让他饿着。眼看日渐消瘦的他发现村民们希望在晚上听他讲传统的民间传说，而他自己恰好知道几百个这样的故事。为了让他有力气讲故事，除 28
了他可怜的口粮配额外，村民们还多给了他一些食物。他于是就靠故事来填饱肚子，而且他对故事的选择就如同前述的游吟诗人一样，依村民听众的口味而定。村民对有些故事无动于衷，相对应的，他就要饿肚子；还有些故事很受欢迎，人们乐意一遍又一遍地倾听。他的粮食全是靠嘴皮子挣来的，但定调子的是那些村民。后来，私有制交易和市场得到了允许，他就在地方集市中对着一群规模更大的听众讲故事。在这里，他的故事目录依然要适应新听众的口味。[3]

平时行之有效的话题在动荡时期可能就得不到回应了，此时，急需选票的政客就要将脸贴到地上侧耳倾听，评估如何让选民行动起来，如何争取他们的热情支持。他的处境就像那个游吟诗人或者马丁·路德·金一样。富兰克林·德拉诺·罗斯福在大萧条刚开始时首次参选美国总统的例子在这里十分贴切。在竞选活动开始时，罗斯福是一个偏保守的民主党人，不惯于提出激进的许诺或者声明。由于罗斯福的残疾，他做竞选演讲的地点大多是铁路沿线的小村镇，随着其竞选活动的推进，他的标准演讲发生了演化，变得更宽泛、更激进。罗斯福和他的演讲撰稿人疯狂地工作，每到一个新村镇就尝试新话题、新措辞和新主张；依据观众的特殊性和回应，他们会一点一点地调整演讲内容。在这个贫困和失业率达到史无前例的水平的时代，罗斯福面对的是一群想从他身上寻找希望及救助保证的观众。到了竞选活动的最后阶段，他的演讲“台风”比刚开始时要激进
29 很多。在一种非常现实的意义上，铁道边小镇的听众们

循序渐进地为罗斯福写了（或者说是“选择了”）他的演讲稿。被改变的不仅是罗斯福的演讲，还有罗斯福本人：此时，他认为自己成了那些几乎完全绝望的同胞的希望的化身。

这种特殊形式的、从下到上的影响只在特定的条件下起作用。如果当地领主雇走了游吟诗人，让他在内室或者客厅里面唱赞歌，其演唱曲目就会非常不同。如果一位政客从政依靠的是巨额政治献金，且献金的目的是管制而非迁就公众意见，该政客就不会那么在乎平民支持者的声音了。一个未得势的社会运动或革命运动团体会比其得势后更善于倾听。权力滔天的人不必学习如何与他人“合奏”。或者正如肯尼思·博尔丁（Kenneth Boulding）所说，“一个组织［或国家］越大、越集权，它的顶层决策者越可能工作在一个臆想的世界里”。[4]

第二章　民间秩序，官方秩序

碎片五　民间与官方的“知”之道

30　我住在康涅狄格州一个名叫达勒姆（Durham）的内陆小镇，它的名字沿袭了英国那个更大、更有名的城市。康涅狄格州的大城小镇很少有不照搬英国地名的，也不知道是因为最初的移民眷恋被自己抛下的家乡风景，还是因为他们缺乏想象力。美洲原住民对景观的称呼似乎只残留在湖和河的名字或是州本身的名字中。重新命名一个地方既是强调所有权的一种方式，也可给殖民者一个好读且熟悉的地名，因此很少有殖民地不这么做。在爱尔兰、澳大利亚、约旦河西岸巴勒斯坦等相距万里的地方，风景都被重新冠以新居民懂得的名字，以洗去之前住民语言中的名称。

我想用民间和官方对道路的命名说明一个问题。有一条道路从我居住的达勒姆通往 16 英里外的海滨城镇吉尔福德（Guilford）。我们达勒姆居民（在和自己人交 31
流时）把这条路称为“吉尔福德路”，毕竟它是通往吉尔福德的。吉尔福德那一边自然把同一条路叫作“达勒姆路”，这么叫也是告诉吉尔福德的居民这条路的去向。不难想象，住在半路上的那些人两个名字都可能说，具体用哪个完全取决于他们要去路的哪一头。同一条路依不同的目的地有两个名字，这体现了民间命名的情境性和灵活性；每个名称都蕴含着有价值的地方性知识——关于一条路最重要的一件事，就是知道它通向何方。这种民间实践不仅给了一条路两个名字，也给了很多道路同一个名字。所以说，在基林沃斯、哈达姆、麦迪逊、梅里登等邻近城镇，通往达勒姆的路都被地方上的人称为“达勒姆路”。

现在，想象一下这个在地方上有效的民间称呼会怎样给外来者带来不可逾越的阻碍，因为他们要求每条路都有一个独特的、确定的名称。一个来“达勒姆路”填陷坑的国家修路队会问：“哪个达勒姆路？”于是，达勒姆和吉尔福德之间的这条路毫无悬念地被重新命了

名，在所有的官方地图上被标成了“77 号公路”。国家
的命名行为需要一个概要式视角，一个标准规划的识别
方式，以产生由互斥名称构成的详尽系统。成了“77
号公路”之后，这条路就不能在名字上直观表明它的
目的地了；只有摊开一张所有道路都得到标记的地图，
你才能看到“77 号公路”这个名字的意义。不过官方
的名字也具有生死攸关的重要性。如果你在达勒姆与吉
32 尔福德间的路上遭遇车祸，受了重伤，想要准确地告诉
国营救护车这条洒着你的热血的路叫什么名字，它就得
是“77 号公路”。

民间和官方的命名体系在很多语境中互相竞争。街道的民间名称中包含着地方性知识。举几个例子：处女巷（五个未婚老姐妹曾经居住的街巷，她们每周日会排成一队去教堂）、苹果山道（去往曾经建有果园和苹果汁磨坊的山丘的路）、奶油罐路（曾经是一家乳品厂，四邻都从这里购买牛奶、奶油和黄油）。在定名的时候，这些被选取的名字对当地居民来说是最熟悉、最有用的，不过可能会让外乡人和新来者摸不着头脑。另一些路名指称地理特征：米加山路、裸岩路、博尔溪路。地名中暗含着当地的故事、景观、风貌和各个家庭的行当，对熟

悉它们的人来说，小地方的道路、地名加起来就是当地
的地理学和历史学。在当地人看来，这些名字富有内涵；
而在外人看来，它们常常不知所云。非本地的规划人员、
收税官、物流管理者、救护车团队、警察和消防队则会
认为，一个规划层级更高、更易理解的名称系统将更有
效。按照他们的工作方式，他们更喜欢横平竖直的街道
网络，喜欢道路依次编号（第一街、第二街……），再
冠以东南西北（如西北一街、东南二大道）。华盛顿特
区就是这种理性规划的一个尤其耀眼的例子。纽约的街
道命名则是混合的。从华尔街（也就是“墙街”，最早
是荷兰殖民地的北部外墙）往南，街道的规划和命名
是“民间”性质的，这些街道很多是早期移民一步一
步踩出来的；华尔街以北则是如同直角坐标系般简洁的 33
网格城市，具有统一规划、易于识别的特征，“街”和
“道”垂直相交，依次编号（偶有例外）。美国的一些中
西部城市为了缓解序号式街名的单调性，给街道依次取
了每任总统的名字。论可理解性，这种街名只适合答题
类节目的热心观众，只有他们知道“波尔克街”“范布
伦街”“泰勒街”“克利夫兰街”该怎么找；在教育小朋
友方面，这种名字的作用也是可圈可点的。

民间命名的准确性不会超出时下必要的限度。这样的限度体现在“一撮盐”“扔一颗石子的距离”“喊话的距离”这类表达中。在很多用途上，民间法则的准确性可能胜过表面上更严谨的官方系统。一个能够说明问题的例子是史广多[①]给新英格兰的白人定居者的忠告。欧洲殖民者要种的是一种他们不了解的作物——玉米。据说史广多告诉他们，“要在橡树的叶子长到松鼠耳朵那么大的时候播种玉米”。而一本 18 世纪的农书给出的肯定是“在 5 月后的第一次满月时分播种”这种标准化的意见，或者会指明具体的日期。可以想象，农书的发行者可能最担心霜冻灾害，总是谨慎再谨慎。不过，农书的建议在很多时候仍然缺少变通：如果不是内陆的农场，而是海边的，又会怎样？如果农田在山的阴面，每天的光照少一些，或者海拔高一些，又该如何安排农时？农书提供的一刀切的解决方式在地理上走不远。相比之下，史广多的公式适用范围更广。在有松鼠和橡树的地方，人们只用观察他们各自的松鼠和橡树，

① 史广多（Squanto）是 17 世纪初的一位传奇印第安人。他曾被欧洲冒险者作为奴隶卖到西班牙，后又成功回到北美，在“五月花”号上充当英国殖民者与北美印第安人间的联络人。

就能适时地种下玉米。地方上的人观察到的现象与地表
温度密切相关，这也是橡树发芽的决定性因素。对地方
春季事件发生顺序的细致观察，是这一经验的基础；春
季事件的发生可能提前或滞后，也可能放慢或加快，但 34
先后顺序总是固定的。农书依靠的却是普适的历法和月
相体系。

碎片六　官方的控制术与控制状态

命名、景观、建筑和工作流程的特定规划，显示出了秩序、理性、抽象性和系统简洁性，这使它们为等级制度中的权力所用。我把这类规划视为“控制与占用的状态”（landscapes of control and appropriation）。举一个简单的例子，如今近乎世界通用的子随父姓的固定制度，是国家发现它在身份认定上的用处后才真正产生的。子随父姓的制度的普及，是与税收、法庭、地权、征兵和公安系统——总之就是国家本身——的发展齐头并进的。如今，身份证号码、证件照、指纹和 DNA 数据取代了姓名制度的作用，但是姓名制度在其发明之初确实是一种监控手段。国家发展出来的这些手段代表了

国家在一般意义上的能力（capacity），它们既可以被用来执行全民防疫计划，又可以同样轻易地被用于围剿政权的敌人。国家集中了知识和权力，而在知识和权力的应用目的上它又完全保持中立。

从上述角度看，工业流水线用劳动分工代替了民间作坊式的生产，在劳动分工中唯有决策的工程师控制着整个劳动过程，而一线的工人成了可替代的“人手”。流水线在生产某些产品时或许比作坊更有效率，但真正定义流水线生产的是它在工作流程上的权力集中——流水线被控制在特定人群的手中。乌托邦式管
35 理梦想实现机械般简单精准的控制，不过这是不可能的，不仅因为工会有权干涉生产，还因为每台机器都有其特殊性，且每个工人也都有其自己的地方性知识，会对这台铣床和那台冲压机的使用价值做出情境性的判断。即便在流水线上，民间知识也是成功生产的必要条件。

在极度追求产品一致性的条件下，或者在为实现该目的而专门设置的工作环境中，如亨利·福特的T型车工厂或者大量制作巨无霸汉堡的麦当劳，控制强度会特别大。生产条件经过计算，精确到了每家麦当劳加盟

店的最微小细节，以实现权力中心对物质和工作流程的最大化控制。也就是说，随身带着写字板的区域总监可以走进任何一家麦当劳加盟店，依照一套内化于麦当劳布局设计的规章，对该店做出评价。冷饮机的参数是统一的，它们的排放位置也早已被规定好。同理的还有油炸锅、烤炉的清洁与维护规程，食品的纸包装，等等。总部幻想出完美麦当劳加盟店和完美巨无霸汉堡的柏拉图理想型，然后依此设计了建筑、室内布局和培训规程，所以靠写字板上的评分表就可以评价每一家门店距离完美的麦当劳还有多远。福特和麦当劳的标准化制度，正如 E. F. 舒马赫（E. F. Schumacher）1973 年所写的那样，是“一场战役，对抗的是存在于生命体（包括人）中的不可预测、不可定时、抗拒控制、固执己见”。[1]

我想我们可以毫不夸张地说，过去三个世纪的历史
可被视为官方控制与占用的状态对民间秩序的胜利。伴 36
随着官方秩序的胜利，大规模的等级制组织也蓬勃兴起（国家本身就是最显著的例子），两者的联系完全是必然的。失落的民间秩序汇总起来将会令人震惊。这里我只尝试着为这样的汇总起个头，如果读者们有兴趣，请

继续补充，我将乐见其成。国家标准发音取代了地方口音。商品化的永久性私有土地取代了多样的地方土地使用实践。经过规划的社区和街区取代了古老、不统一的社区和街区。大工厂、大农场取代了工匠作坊和小农生产。国家法律取代了地方传统和习惯法。全面规划的灌溉和供电系统取代了因地制宜的地方灌溉系统和砍柴活动。对控制和占用拥有抵抗力的秩序让位于能够促进等级制度协调运作的秩序。

碎片七　民间的弹性

很明显，以强制性协调为追求的大规模现代主义规划，是达成某些目标最为有效、合理、令人满意的办法。空间探索、大范围的交通网络规划、飞机制造和其他大规模工程十分需要由少量专业人士指挥的巨型组织。瘟疫和污染的控制少不了一个有专家任职的核心机构，以便接收、处理数百个监控单元报告的标准化信息。

37 这类规程在遭遇无法简化的自然时就会陷入麻烦，有时是灾难性的麻烦，自然的复杂性令它们束手无策；

或者当遭遇桀骜不驯的人性时，它们也会觉得它过于复杂、难以捉摸。

“科学的”林学和某些形式的种植农业曾经深受这种麻烦的困扰，是标准化的科学遭遇复杂自然状况的典型案例。林学诞生于18世纪晚期的德意志。为了提高国内森林出产的薪柴和木料的销售收入，这门科学的创始者认为可以依据土壤条件选择性地培植挪威云杉或者苏格兰松，从而使每公顷林木产出的木材体积最大化。为此，他们清理了混交林，在林场中只种单一品种的林木，并且像种庄稼一样把其栽成整齐的行列。他们的目标是培育一片容易看管的树林，可以在同一时间砍伐，然后标准化的树（德语中叫作*Normalbaum*）能够出产尺寸相同的木材。在一段时间（将近一个世纪）内，这套规划效果完美。接着它失效了。究其原因，第一轮种植显然受益于混交林积累下来的土壤肥力，而标准化的树林取代混交林后，不能为土壤补充肥力。此外，单一品种的树林完全无力抵抗专门侵害挪威云杉或苏格兰松的害虫、锈病、介壳虫和枯萎病。另外，由相同树龄的树组成的森林在面对灾害性的暴雨和强风时，会遭受更严重的损失。“科学的”林学为了把树林简化成生产单一商品的机器，极大地削减了树林的多样性。在这种被简化的树林中，树木物种多样性的缺乏在其他层面被多次复制：昆虫、鸟类、哺乳动物、地衣、苔藓、真菌、草本植物的物种同样非常单一。森林的规划者创造
38 了一片绿色沙漠。大自然终将复仇。在科学林学开始闻名于世的一个多世纪后，林学的后继者们也使得“森林顶梢枯死”（德语称为 *Waldsterben*）和“森林恢复”这类术语闻名于世了。

因 T 型车的成功与随之而来的巨额财富而名垂青史的亨利·福特想再续造车工业中的传奇，开始在热带地区种植橡胶树。但此时的他也遇到了与前文类似的困境。他在亚马孙河一条支流的沿岸买了一块地，面积约有康涅狄格州那么大，准备建设一个标准化的“福特王国”。如果一切顺利，他的种植园就将在可预见的未来为他的所有汽车提供足够多的轮胎橡胶。该工程的结果却是一场十足的灾难。在亚马孙河谷的原生环境里，橡胶树生长在极富多样性的混交林中。它们之所以能在
39 这种差异化极大的环境中繁荣生长，部分原因在于原生生态中的橡胶树间距够大，所以专门攻击橡胶树的病虫害无法持续传播。橡胶树被英国人和荷兰人移栽到东南

亚，很好地适应了那里的种植园环境，这是因为橡胶树的种种虫害与天敌并没有随之前往东南亚。然而，如果像种庄稼一样在亚马孙地区密集栽种橡胶树，不消几年它们就抵抗不住枯萎症和其他病害的侵袭了。哪怕迎难而上，采用昂贵的三项嫁接（将一个品种的芽嫁接在另一品种的茎上，然后再整体嫁接到第三个品种的根上），也无济于事。

福特在胭脂河（River Rouge）的汽车组装工厂是围绕单一目标营建的，在这里，人们在克服困难后尚能掌控自然环境。然而在巴西的热带土地上，自然环境无法被人控制。获得数百万美元的投资，管理方式多次调整，种植规划一再修改，劳动力频繁罢工，福特在巴西的探索在经历以上种种后最终还是失败了。

在开启这一项目时，亨利·福特选择了被专家认定为最优品种的橡胶树，并相应地重塑自然环境，使之适应该品种的生长。与此相对应的逻辑是这样的：以环境的既有条件为起点，在合适的位置上选择适宜的品种。安第斯山区的传统土豆种植业就是具有手工艺色彩的民间农业的很好例子。一个在高纬度生活的安第斯土豆种植者可能在多达 15 块的小片土地上耕作，在有的地块上他会实行轮作。每块土地的土壤、海拔、光照、风向、湿度、坡度和种植史各不相同，没有“标准农田”一说。农民们从一批本地培育、习性各异的作物品种中选择，他们非常了解这些作物的特点，审慎地在作物上
40 押注，在一块田里可能种植了一种至十多种作物。每次季节更替都是一轮新尝试的开始，前一季的收成、病害、价格以及作物对环境变化的反馈，都将得到精心的考虑权衡。这些农场是市场导向的实验场，其产出、适应性和可靠性都十分优秀。另一件至少同等重要的事在于，这些农场不仅生产作物，还实现着农民和农业社区的再生产，农民们都有种植技术、灵活的策略、生态知识以及充分的自信和自治。

安第斯地区发生的科学农业扩张在逻辑上和亨利·福特的亚马孙橡胶园类似。它的出发点是设定一种“理想的”土豆品种，这种理想性主要但不完全取决于土豆的产量。接着，农业科学家着手培育会尽可能多地表现出理想特征的基因型。标准植株是在试验田中培育出来的，那里的环境条件将最有利于植株发育。农业扩张的主要目标是改造农田的整体环境，以便发挥新品种的潜力。为此，需要采取的措施包括施氮肥、用除草剂

与杀虫剂、对土壤做特殊处理、灌溉，以及制订准确的种植计划（定时播种、浇水、除草、收获）。不难想见，每一种“理想的”品种在经过三四年的种植后，通常即因虫害或疾病的侵蚀而宣告失败。一个新的理想品种将取而代之，开始新一轮的循环。这种做法从可行农业的意义上讲，将土地变成了标准土地，把农民变成了标准农民，一如亨利·福特在胭脂河畔创造的标准工作环境和标准工人。流水线和单一作物种植园要求民间技艺和多样化的民间环境屈服，这是它们存在的必要条件。

碎片八　无序城市的诱惑力

我们还会发现，在多样性环境中才能蓬勃生长的不 41
只是植物。人类本性似乎也不喜狭隘单调，而是偏爱差异性与多样性。

现代主义城市规划的高潮横跨 20 世纪的前半期。土木工程的迅猛发展、建筑和材料领域的技术革命、革新城市生活的政治野心形成合力，在西方世界改变了城市生活。从其背后的野心来讲，这一变革已经超越了科学林学和种植园农业这些同类实践。这个时代的城市规划强调视觉秩序和功能分区。在视觉方面（我之后还会回到这一话题），城市乌托邦的规划者提倡“崇高的直线”、直角和外形规则感。在空间布局上，几乎所有的规划者都偏爱不同城市活动的严格区域划分：住宅区、商业零售空间、办公区间、娱乐区、政府单位和仪式空间。不难看出，这是对规划者来说最方便的布局方式。特定数量的零售店可以服务相应人数的顾客，这一规划可以被化约为一些计算规程，把每家店的平方米数、货架空间的平方米数、运输线路的计划安排以及其他一些变量纳入计算。住宅区需要计算的则包括每个（标准）家庭需要的居住面积、采光量、供水量、厨房面积、电源插座数量、邻近的娱乐空间的面积。严格的功能分区把计算规程中的变量减到最少，这样一来便更容易规划，更容易建造，更容易维护，也更容易监管了，而且规划者也觉得更顺眼。围绕单一用途的规划有助于
42 实现标准化。相比之下，规划一个混合型的、功能多样的城区，若用前述标准来衡量，则无异于一场噩梦。

问题在于，人们常常厌恶这种严格分区的现代主义城市，尽可能不在这种城市中居住。如果实在无法避免成为其居民，他们也会用其他的方式表达绝望与蔑视。

有人说，后现代时代的来临时间可以确定为 1972 年 3 月 16 日下午 3 点，这是美国圣路易斯市的一个曾获设计奖项的高层公营住宅区普鲁伊特－伊戈公寓（Pruitt-Igoe）被爆破拆除并因此塌成一片瓦砾的时间。在拆除之前，它其实早已被居民抛弃，成为一座空壳。普鲁伊特－伊戈公寓只是由众多与世隔绝、单一用途的公营公寓组成的大舰队中的旗舰。对大多数住户来说，它们是有损人格尊严的装人的仓库。如今它们大多已被拆除了。

在这些住房供应计划（打着“消灭贫民窟”和根除“城市衰败”的旗号）被付诸实践的同时，关于它们的思考也被纳入了一种综合性的、最终得到认可的城市批评中。其中最具代表性的批评者是简·雅各布斯（Jane Jacobs），她对城市的民间秩序更感兴趣，关注城市日常生活，也就是城市的实际功能，而非其表面文章。城市规划与多数官方规划一样，拥有一种有意识的狭窄视角。这类规划严格锁定单独的目标，并以该目标的最大化实现为实践宗旨。如果目标是种水稻，那么计划就是让水稻亩产尽可能高；如果目标是生产 T 型车，那么计划就是在劳动力和资本投入给定的情况下，造出最多的T型车；如果目标是医疗服务供给，那么计划便是建造以高效治疗为唯一功能的医院；如果目标是木材生产，那么计划就是把树林改造成生产单一商品的机器。

雅各布斯确定了被现代主义规划者忽略的三件事。
43 第一，她指出了他们的假设，也就是任何活动中都只有一件事发生，且计划的目标就是让那件事的成果最大化，犯了致命错误。规划者的计算公式立足于规定指标的效率——从办公地回家需要多长时间，或者哪种把食物运进城市的方式最高效。而雅各布斯不同，她认识到，人类行为中蕴含着极为丰富的目的性。父亲或母亲在推婴儿车的同时也许在和朋友交谈，在去购物、去餐馆或者去买本书看的路上。办公室白领也许认为和同事吃顿午餐、喝杯啤酒（而不是工作）才是一天里最让人满足的事。第二，雅各布斯领会到，也许正是因为以上原因，混合型的、功能多样的城区也是最受人们喜爱的。人们就是喜欢在生动、刺激、多样的环境里面漫游。成功的城市空间——成功，也就意味着安全、有趣、友善且经济上负担得起——往往是那种紧凑且用途多样的区域，在一片嘈杂热闹中汇集了城市的多种功能。另外，它们也是随时间而变化的。用城市规划法令将功能具体化、固化的行为被雅各布斯称为“社会标本制作术”。

第三，雅各布斯解释说，如果你立足于“活着的”、属于居民的城市，就不难看出，城市规划的努力，即试图将城市变为遵循几何和视觉秩序的规范艺术品，不仅从根本上找错了方向，而且正在伤害成功城市空间中的真实有效的民间秩序。

从这一角度看，城市规划和建筑标准突然显得极其诡异。建筑师和规划师的工作始于构思一栋建筑的全貌，或者一个建筑群的全景。这种全景在物质上表现为一幅草图，或者更典型的做法是把设计方案制成 44
一个实际的模型。我们在报纸图片里经常能看到，城市官员或者设计师发出万丈光芒，俯瞰着成功城市的模型，就好像他们是直升机或者上帝一般。以民间的眼光看，这十分令人诧异，因为不曾有人从那种高度或用那种视角观察城市。地面上真实行人——购物的人、快递员、漫无目的地逛街的情侣——的经验，却完全没有被城市规划的公式纳入考量。城市规划基本上被当作微雕作品来看待。可想而知，它们之所以得到赞赏，凭借的是其作为艺术作品的视觉吸引力，但此后，这件艺术作品再也不会被除了超人外的其他人从上帝视角观赏。

我以为缩微模型作为官方秩序的一种典型形式，其逻辑代表着一种征候。真实的世界是混乱甚至危险的。人类制作缩微物品的实践有悠久的历史，它们主要供人玩耍、控制和操纵。想象一下玩具兵人，模型坦克、卡车、小汽车、战舰和飞机，过家家的小屋，铁路机车模型，等等。这些玩具的存在意义是美妙的，再现了现实中那些不可及之物或者危险物品，令我们得以亲近它们。不过，缩微模型也是成人，包括总统们和将军们手中的玩物。那些希望改变固执难测的现实世界的努力难免遭到挫败，此时精英往往会退回模型的世界，其中很多人还会认为这是光荣的撤退。撤退的目标是创造小而相对自足的乌托邦空间，在那里人们构想中的完美将更容易达到。模型村庄、模型城市、军事基地、工程展示模型和农场展示模型，它们为政治官员、管理者和专家提供了一个严格界定的实验空间，其中干扰变量和未知
45 因素的数量被降到了最低。极端的例子（控制水平最大化，而对外部世界的影响最小化）是博物馆和主题公园。当然，城镇和农场的模型能够发挥合理的作用，

以低风险验证关于生产、设计和社会组织方式的观点。是扩大实施还是放弃这些观点，有赖于它们在模型中的运行效果。不过，正如很多“著名设计师出品”的首都城市（例如华盛顿特区、圣彼得堡、多多马、巴西利亚、伊斯兰堡、新德里、阿布贾）反映的情况，从理念拓展出来的规划常常与其所处的大环境格格不入（有时这些规划的本意就是如此）。首都城市设计的核心理念坚持严谨的视觉美学，这种坚持很容易在城市周围催生出由棚户、临时定居点构成的郊区，里面住满了非法占地者——正是这些人在伺候着居住于经过装饰、规划的城市中心的精英们，为他们擦地、烧饭、照管孩子。在这种意义上，城市中心的秩序是有欺骗性的，包围它的是城市外围那些不与中心协调、得不到认可的生存活动。

碎片九　整洁背后的混乱

治大国如烹小鲜。——《道德经》

一个社会或者一种经济秩序越是高度计划、调节、规范化，就越容易依赖非正式实践。这些非正式实践是不受正式秩序承认而又不可或缺的，也是正式秩序自身无法造就、维持的。在这一点上，语言习得的例子能够
46 说明一些问题。小孩学语言的方式，并不是先学习语法规则，然后用这些规则构造正确的句子。他们学说话的方式和学走路一样，要模仿、尝试、出错，然后不断地练习。语法规则是从成功的语言行为中总结出的规律，而不是造就成功语言行为的原因。

劳动者能够看出解释事物运行方式的规则中存在哪些缺陷，并会将这些缺陷化为己用。巴黎的出租车司机曾经不满于市政当局在车费和新规定上的举措，转而诉诸一种特别的抗议方式——“*grève du zèle*”。也许是统一行动，也许是不约而同，他们突然开始遵守**所有的**交通规则。果然，巴黎的交通陷入了瘫痪。出租车司机们知道，巴黎的交通之所以能够平稳运转，是因为人们基于实践明智地无视了部分交通规则，于是他们可以通过事无巨细地遵守全部规则来使交通陷入停顿。这种做法在英语中通常被称为“照章办事”罢工（“work-to-rule” strike）。在一次抗议卡特彼勒公司（Caterpillar Corporation）的大范围“照章办事”罢工中，工人们放弃了自己多年以

来在工作岗位上总结的更有效的工作方法，转而开始遵守由工程师详细规定的低效规程。他们深知这么做会让公司在宝贵的时间与质量上蒙受损失。任何办公室、工地和车间的具体工作程序，都不可能用规章来给定，无论它有多么详尽；工作的完成，少不了工人们在规章之外实践有效的非正式理解和即兴措施。

1989 年柏林墙倒塌之前，社会主义阵营采用的计划经济是一个突出例子，极好地说明了严格的生产规范是
如何依靠完全外在于官方计划的非正式行为来维持的。在 47
一家典型的东德工厂里，最不可或缺的两位雇员甚至不在正式组织名单中。其中一位是多面手，擅长用权宜之策维持机器运转、修正生产漏洞、寻找替代性零件。另一位重要员工盯紧商品供应，适时动用工厂资金购买并储存一些可以长时间存放的物品（例如肥皂粉、优质纸、上好的葡萄酒、纱线、时尚服装）。工厂为完成配额任务并获取奖励，有时候会急需机器、零件、原材料，而这些物品又不曾被纳入计划。这时，这位员工就会把囤积的货物装上一辆特拉班特，去换取工厂需要的补给。如果没有这些正式计划之外的安排，正式生产也许就无以为继了。

城市官员喜欢将自己描绘为俯瞰新开发区规划模型

的巨人，其实我们所有人都容易犯类似的错误，把外观上的有序等同于实践上的有序，同时把外观上的杂乱等同于无序。这是一种自然的、在我看来也是严重的错误。它同现代主义密切相关。无论这层联系显得多么令人怀疑，我们只消稍加反思就能明白。我们可以把上面的逻辑发展下去。想象两种课堂：一种是课桌排列整齐，学生服装统一；另一种是衣着五颜六色的学生围坐在地板上或者一张大桌子边。前者的学习效率一定更高吗？现代城市规划的大批评家简·雅各布斯警告说，成功的混合功能街区所具有的精密复杂性，并非如很多城市规划者的美学意识所认定的那样，是混乱和失序的体现。虽然这种街区不是规划的产物，但它代表着一种高度精密、弹性极大的秩序。秋天纷扬的落叶、草原上的
48 兔径、喷气式飞机引擎的内部、一家大报社的本地新闻部，它们表面上的无序其实根本不是无序，而是一种精密而有效的秩序。一旦你理解了它们的逻辑与目的，就会以不同的眼光看待它们，看到其中发挥功效的秩序。

再来看看粮田和园圃的规划。现代“科学”农业趋向于提倡大面积、资本密集型的农田。它们种植单一作物（常常是杂交或转基因技术培育的高产品种），并且让

作物整齐排列以便于机械化耕种与收获。种植过程中还会使用肥料、灌溉系统、杀虫剂和除草剂，为单一品种作物营造合适的、尽可能标准化的土壤条件。这已经成为一种种植模式，被广泛采用，成效也可圈可点，尤其是在培育我所谓的“无产阶级”作物，即小麦、玉米、棉花、大豆这些离不开粗糙的人工劳动的作物时。这种农业寻求突破地方土壤、地方地貌、地方劳动力、地方工具和地方气候的限制，从而构成了传统农业的对立面。西方国家的菜园也存在一些（不是所有）同样的特征。虽然菜园中会种植不止一种作物，不过它们通常要沿直线栽种，一种蔬菜种一排，看起来很像等待检阅的士兵方阵。几何上的秩序常常关乎菜园主人的尊严。获得突出强调的依然是从上方和外部看到的视觉规则性。

一个可以与此形成鲜明对比的例子是 19 世纪西非热带地区的农业。当时来到此地的英国农业推广员被眼前的景象惊呆了。这里的农田看上去杂乱无章：一片田地里面同时挤进了两三种作物，有时甚至多达四种；其他的作物则采用轮种的方式，栽在用横七竖八的树枝垒出、抬高的田地里。这类田看上去就像是一座座小丘散布在各处，在西方人的眼中它们显然是杂乱不堪的，所 49

以他们会想当然地以为当地的农夫都愚昧而随便。推广员于是着手教当地人合理、“现代”的农业技术。在他们经历了三十年的挫折与失败之后，才有一位西方人想到要（用科学方式）具体地研究西非人的两种耕作方式在当地环境中的优势。他发现，看似杂乱的西非农田其实是一套良好适应当地条件的耕作方式。套作和轮作保证了地表的植被覆盖率，从而有利于常年的水土保持，可防止土壤侵蚀；有的作物可以为与之混栽的其他作物提供养分或者荫庇；树枝围田可以防止流水侵蚀；品种散布可以降低病虫害威胁。

这类耕作方式不仅可持续，其作物的产出也要高于推广员提倡的西方农业技术。事实上，推广者的做法错误地将视觉上的秩序等同于工作上的章法，把视觉上的无序等同于低效。这些西方人受制于一种准宗教式的种植几何学信仰，而西非农夫实践出了一套高度有效、无关几何形状的农业体系。

埃德加·安德森（Edgar Anderson）是一位植物学家，研究中美洲玉米种植史。他在危地马拉偶遇了一座小农庄，它展示了表面上的视觉无序性其实可能是良好工作秩序的关键所在。[2]在每日例行的玉米田之行中，他

路过了这座小农庄。起初他以为这是一片植物生长过盛
的园子；直到看见有人在园中劳作，他才意识到这不是
一个简单的果园，而是一个规划得巧夺天工的果园，即
便在一位西方农学家看来它是那么的杂乱（或许它正 50
是因此才称得上巧夺天工）。除了直接引述他所讲解的
果园背后的逻辑，复制他画的果园布局图（图 2）外，
我想不到更好的说明方法了。

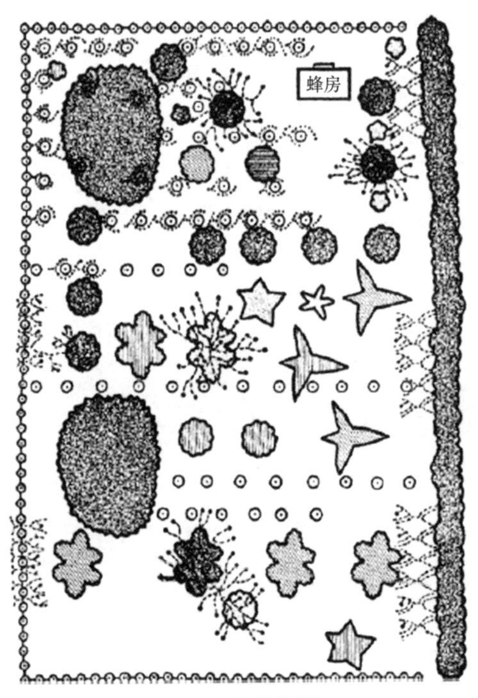

（a）果园俯视图

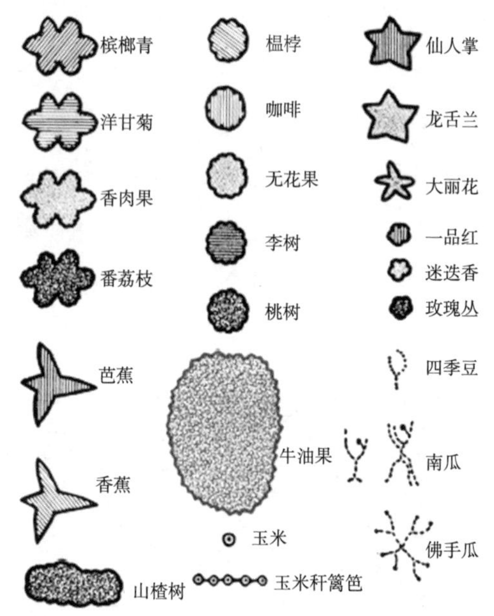

（b）植物类别的具体图示

图 2　埃德加·安德森所绘的危地马拉原住民果园图

51　虽然初看上去该果园中没有什么秩序可言，但一旦我们开始画它的平面图，就会意识到植物是严谨地成排交叉排布的。园中果树种类繁多，既有本土的，也有从欧洲引进的。有番荔枝树、牛油果树、桃树、榅桲、李树、一棵无花果树、几株咖啡树，以及一大株仙人掌（果实可食用）。有一丛迷迭香、一株大丽花、一些一

品红和一株半攀爬的茶玫瑰。有一整排的经驯化的山楂
树丛，能结出微型苹果般的黄色山楂，用它们可以做出
很好的手工果酱。园中栽的玉米有两种。其中一种早就
不抽穗了，被用作正走向成熟的四季豆的攀爬架。另一 52
种玉米生得更高，正值抽穗的时候。一种小尺寸香蕉的
植株可以长出宽大而光滑的叶子，在当地它被用作包装
纸，还可以代替苞米叶被用来包富有当地特色的墨西哥
“粽子”。各种各样的南瓜攀在香蕉树上，枝繁叶茂。
佛手瓜成熟后，它的根也可以挖出来食用，有好几磅重
且营养丰富。有时候挖出一块佛手瓜根会留下一个小浴
盆大小的土坑，它可以充当垃圾坑，或者把生活垃圾沤
成肥料。园子的一角放着一个用纸箱和铁皮罐做成的蜂
房。以欧洲或者美国的标准看，这个园子既是一个果
园，也是一个菜园、一个草药园、一个垃圾箱、一个堆
肥场、一个养蜂场。果园虽然地处一个陡坡的最高处，
却没有土壤流失之虞，因为它的地表完全被植物覆盖，
而且在一年的多数时节郁郁葱葱，即使在旱季也有不错
的湿度。另外，同种作物之间有重重其他植物作为间
隔，使得病虫害不易在作物间传播。土壤能够维持肥
力；除了埋在园中的生活垃圾，熟透的、失去使用价值

的植物也被埋在一排排植物之间。

欧洲人和移民美洲的欧洲人经常讲，印第安人一点也不珍惜时间。我觉得，这个果园可以很好地证明印第安人其实比欧洲人更懂得如何高效地安排时间，但我们需要超越表象去理解他们的活动。这个园子有持续的作
53 物产出，但每次打理只需要花很少的精力：来摘南瓜的时候顺手拔几根杂草，在摘光成熟的四季豆之后挖走玉米秆和豆藤，过几周再在腾出的空间里种点别的作物。

碎片十　民间秩序的宿敌

在过去的两个世纪中，民间实践以惊人的速度消亡，其灭绝速度可以毫不夸张地和同时代的生物物种大灭绝相提并论。而且两者的发生原因也有共通之处，即栖息地的消失。很多民间实践永远销声匿迹了，其他的则濒临灭绝。

这种灭绝背后的主导力量，正是无政府主义者的宿敌——国家制度，或更具体一点，是现代的民族国家。民族国家这种现代的，如今也是政治霸权性质的体制崛起，取代并进而摧毁了民间政治形式的承载者：非国家

的帮派、部落、自由市、城镇的松散联邦、逃亡黑奴社
群、帝国。如今，它们原本的位置上只剩一种民间实
践——民族国家，它发源于 18 世纪的北大西洋，正以
普世制度之名大行其道。也就是说，如果我们是几个世
纪之前的人，带着好奇的眼睛来到今天，那么最令我们
惊诧的事将莫过于在全世界遭遇同一套制度：一面国
旗，一首国歌，国家剧场，国家乐团，国家元首，一个
议会（名副其实或者有名无实的），一家中央银行，一
连串名称类似、组织方式类似的政府部门，一套公共安
全体系，等等。几个殖民帝国和“现代化”的竞赛在 54
推广这种制度方面卓有贡献，但民族国家制度之所以长
盛不衰，是因为它已经成为将单个政治体纳入既有国际
体系的通用配备。1989 年之前，“现代化”事业竞相追
赶的方向有两个。在社会主义阵营，我们可以去捷克斯
洛伐克，去莫桑比克，去古巴，去越南，去老挝，去蒙
古，然后我们会看到大致相同的中央计划体制、农业合
作社和五年计划。然而从 1989 年起，一套单一的标准
征服了全世界。

（民族）国家制度一旦得到确立，便开始将它的国民同质化，处理掉国民中偏离常规的民间实践。国家开

始在几乎所有领土上构造单一民族：法国要创造法国人，意大利要创造意大利人。

同质化是一项大工程。国家中存在数目庞大、通常相互不可理解的语言和方言，国家通过教育等途径使一种标准的国家语言——通常是主导地区的方言——凌驾于其他方言之上。这导致了语言的消失；随之消失的也有口头或书面的地方文学、音乐、传说和史诗，以及整个的意义世界。多种多样的地方规约和习俗惯例被国家法律体系取代，所有地方至少在原则上要遵循同一套法律。取代多种多样的土地使用习惯的，是国家用来辅助农业税收制度的土地整理、登记、转让制度体系。大量的民间教育途径——学徒制度、由四处游历的“师傅”授业、医疗传授、宗教传道、私塾——则很有典型性地让位于国家的公立学校系统。一位法国教育部长曾得意扬扬地说：在上午 10 点 20 分，法国某个特定年级的所有学生都在朗读西塞罗的那篇文章，对此他知道得一清
55 二楚。这种举国一致的乌托邦图景很少实现，但是它们确实促成了民间实践的消亡。

除民族国家外，当代的标准化力量还来自国际组织，如世界银行、国际货币基金组织、世界贸易组织、

联合国教科文组织，甚至还有联合国儿童基金会和国际法庭。这些机构的主要目标是在全球范围推行规范（即“最佳实践”）标准，而这些标准又一次来自北大西洋国家。国际组织拥有金融实力，这意味着不遵从它们的建议会导致贷款上的严重惩罚和援助的撤除。这些制度上的协同有一个魅力十足的美称，叫作“和谐化”。跨国公司对于标准化的趋势来说也至关重要。它们在熟悉的、标准化的国际大都市才能繁荣发展，因为那里的法律秩序、商业规定、货币体系等领域实现了规范统一。同时，它们也在市场推广自己的商品、服务、广告，以便持之以恒地塑造它们的消费者，塑造它们需要的需求和品位。

某些民间实践的消失并不值得惋惜。法国大革命赋予了法国人全国统一标准的公民权，如此就在法国外省废除了民间的封建农奴制习俗，这确实是为人们带来解放的好事。火柴和洗衣机等技术进步取代了燧石打火和搓板洗衣，这意味着更少的辛劳。所以我们不必急于维护一切民间事物，也不必反对一切普遍事物。

不过，推行一致化的强大机构并不区分好与坏。它们往往会淘汰所有的民间实践，代之以它们定义中的

56 “普适”实践——我们不要忘了在大多数情况中，“普适”是由北大西洋的地方实践装扮而成的。结果，文化、政治和经济多样性被广泛削减，多种多样的语言、文化、物权体系、政治组织，乃至维持着这些事物的所有感受方式和生活世界，都归于单一。我们可以不无忧虑地预见在不远的将来，当来自北大西洋地区的商人在世界上任何一个地方走下飞机时，迎接他们的都是一套熟悉的秩序——法律、商业规范、监管、交通系统、物权形式、土地所有制。怎么会不熟悉呢？这些秩序本质上都来自他们的故乡。只有食物、音乐、舞蹈和当地服饰保留了异国民间特色……而且异国风和民俗风也完全成了商品。

第三章　人的塑造

大道甚夷，而人好径。——《道德经》

碎片十一　游戏与开放性

哥本哈根的1943年是暗淡无光的一年，但埃姆德 57
鲁普城区（Emdrup）丹麦工人住房合作社的一位建筑师有了一个关于游乐场地的新点子。他是一个经验丰富的景观设计师，规划过很多常规的游乐场地。他注意到多数孩子常常舍弃用途有限的秋千、跷跷板、转盘和滑梯，跑到大街上，或是溜进建筑工地和废弃建筑里，以便寻找刺激；且无论遇到什么东西，他们都能当场就发明出相应的玩法。这位设计师的主意就是仿制一个建筑工地，里面有干净的沙子、卵石、木材、铲子、钉子和各种工具，剩下的就交给小孩们自由发挥。这片游乐场地大受欢迎。虽然它每天都人满为患，但是可以玩的游

戏还是无穷无尽，并且与常规场地相比，这里的孩子玩
58 得更投入，更少因为抢夺玩具而尖叫打闹。

埃姆德鲁普城区的“探险游乐场”取得了意想不到的成功，使得其他地方纷纷效仿：斯德哥尔摩的“自由城”（Freetown）、明尼阿波利斯的“小院子”（The Yard）、瑞士的“鲁滨孙·克鲁索”游乐场、丹麦本国的其他“工地游乐场”。这些场所为孩子们提供工具，让他们搭建自己的作品，营造自己的乐园。

“小院子”在投入使用后不久便遇到了麻烦。大多数的木料和工具被人藏了起来，因为孩子们要比赛谁能最快建起最高大的木棚。为了争夺工具和木材，场地上爆发了争吵，甚至还发生了抢夺。游乐场陷入瘫痪，看来必须要雇用成年人来看管了。但是，仅仅过了几天，一些少年就挺身而出，他们知道木料藏在什么地方，于是组织了一次“抢救行动”，拿回了那些材料，并且树立了一套共享工具和木料的规则。他们不仅解决了实际问题，维护了他们需要的木料，而且在解决问题的过程中创建了某种新社群。此外，值得一提的是，这种广受欢迎的游乐场满足了大多数孩童的创造冲动，但它一点都不符合视觉秩序和正规得体的标准，也不合乎城市空

间看管者的期待。这是实践秩序高于视觉秩序的又一个例子。当然，这种游乐场的面貌每天都在变化，它不断地被拆除、重建。科林·沃德（Colin Ward）写道：

> ［探险游乐场］是一则关于无政府状态的寓
> 言、一个自治社会的模型。它彰显的既有紧张关
> 系，又有动态协同；既有多样性，又有自发性；既 59
> 有合作关系的非强制性生长，又有个体特质与社群
> 意识的觉醒。[1]

我考察过一个非政府组织在曼谷开展的棚户区住房
保障项目，它从本质上看有同样的深意。该项目不仅为
贫民区的违建者提供住房，而且在此培育社会活力。这
个非政府组织首先说服市政当局为棚户区拨出一小块
地，接着找出五六户有意搭伙的棚户区人家在此建立小
定居点。这些家庭自主选择建筑材料和基础布局，设计
房屋结构，并且确定一个协同作业的方案。（业余时间 60
的）工程进度需要两三年，每个家庭承担相同的劳动
量，并且享有同等的产权。这些人家都不知道房屋建好
之后自己会住在哪个部分，所以在房屋的质量问题上所

有人都有同等的利益关系，在建造的各个阶段也都会投入同等的谨慎之心。这些棚户居民还在方案中设计了一块微型的公共空地。等到房屋建成，住户之间已经形成了工作和合作的体系（但摩擦显然是难免的）。这样，几个家庭拥有了亲手建造、共同维护的产业，并且在建造过程中他们学到了成功合作的工作方法。类似的小组有很多，他们都是一项成功棚户区工程的系统节点。

现在再回到埃姆德鲁普的游乐场地，我们或许就能轻松找到其吸引力的逻辑所在：它的开放性成就了在此玩耍的孩子的目的性、创造力和热情。它刻意保持了开放、未完成的状态。完成它的是使用者们不可预测、变动不居的想法。可以说，游乐场的设计者面对孩子时保持了彻底的谦逊——孩子们在想些什么，会做出什么样的东西来，他们的希望和梦想会如何发展，都是大人无法预知的。设计的前提是孩子们愿意创造。设计者通过观察了解孩子们真正感兴趣的事物，以及满足他们的兴趣需要用到的原材料。除此以外，游乐场的其他内容都是开放、自治的。成年人的监管被降到了最低程度。

几乎所有人类机构都可以按这套标准评估。它对于活动者的目的和天分有多包容？一架秋千或者跷跷板能做的游戏就那么几种，孩子们早就探索得一清二楚了！相比之下，一个开放的建筑工地则能真正提供一套汇集诸多选择的自助餐。学生宿舍常常经过了标准化的装修，室内被漆成统一的颜色，双层床和书桌都被钉死在地板或者墙上，这样的封闭结构断绝了学生想象力和设 61
计力的表达。宿舍或公寓如果有可移动的隔断、可变化的家具和颜色，以及可用于多样目的的空间，就更能够包容其居住者的灵感迸发。在有些情况中，包容用户个人选择的空间设计是可能存在的。一所大学的大草坪在建成之初特意不设人行道。一段时间之后，成千上万学生的日常行走就踩出了步道，于是校方就顺应需求，给这些步道铺上砖石。这又是一个印证庄子格言“道行之而成”的例子。

开放性的检验，就是检验某种行为或者机构（包括它的形式、目的、规则）在多大程度上可以依照营造它的人与使用它的人的相互要求而改变。

举例而言，简单比较不同的战争纪念设施就可以帮助我们说明上述问题。华盛顿特区的越南战争纪念碑无疑是世界上最成功的战争纪念碑之一，这点可以从访客的人数和密集程度体现出来。这座纪念碑由林璎

（Maya Lin）设计，实际上是一堵长而低矮、高度微有起伏的黑色大理石石墙，上面刻着阵亡者的名单。这些名字故意没有按照字母顺序排列，也没有按照军事编制或者军衔排列。名字的排列顺序是时间性的，即依照将士们的阵亡时间。所以，在同一天阵亡的士兵被列在一起，他们往往在同一次军事行动中牺牲。此外，纪念碑没有再用文字或者雕塑的形式对战争做出其他声明——这种沉默并不惊人，毕竟越南战争至今依然引发着显而易见的政治分裂。不过，最值得称道的是纪念碑对访客的影响，尤其是那些前来纪念战友或者亲人的人。他们
62 必须先搜寻他们要找的名字；接着，他们总会用手指抚摸墙上的字迹，拓印，然后留下自己的物件或者纪念品——可能是任何东西，如诗集、一只女人的高跟鞋、一杯香槟、三张带对子或者同花顺的扑克牌。访客留下了太多纪念物，以至于纪念公园开了一个专门的展览馆来陈列它们。参观者看到很多人同时面向纪念墙，各自抚摸着阵亡于同一场战争的亲人的名字。不论参观者自己和那场战争有怎样的关系，很少有人不为这一幕动容。

我认为，这座纪念碑的象征性力量在很大程度上来

图 3　华盛顿特区越南战争纪念碑

图片来源：Mario Roberto Durán Ortiz 摄。

自它致敬逝者之方式的开放性，即允许纪念碑去承载所有访客自己的含义、自己的历史、自己的记忆。可以说，这是一座需要人的参与才能拥有完整内涵的纪念碑。虽然我们不能把这种参与和罗尔沙赫氏墨迹测验①相比，但越战纪念碑实现意义的方式确实不在于它给出了什么，而在于公民们带去了什么。（诚然，一个真正有国际主义精神的越南战争纪念碑应该列出所有牺牲的

① 罗尔沙赫氏墨迹测验（Rorschach test）是一种常用的人格测试。受测试者要对多张墨迹图做出反应，表达自己对墨迹图的看法。通过分析受试者回应的语言、时间、行为等，可以对其人格特质和心理状态做出较为客观的判断。

越南平民与军人之名，让它们与美国阵亡者之名一道按照死亡时间排列。这样一座纪念碑需要一堵比现在长几倍的墙。)

我们可以把越战纪念碑和一座迥异的美国战争纪念碑做比较，那就是纪念美国国旗在第二次世界大战中插上硫磺岛摺钵山的雕塑。硫磺岛纪念碑的意义是自明的，它展现了巨大牺牲之后的最终胜利时刻，尽显英雄主义主题。由国旗象征的爱国主义、它的征服主题、大于真人的塑像，以及含蓄表达的胜利之下的团结——它们没有给参观者留下什么空间去添加新的意义。在美

图 4　硫磺岛纪念碑

图片来源：Kazuhisa Otsubo 摄。

国，人们对这场战争的意义众口一词，所以硫磺岛纪念
碑成了一座清楚直白的丰碑，这一点也不让人意外。虽 63
然说不上“滴水不漏”，但硫磺岛纪念碑在象征意义上
更加自足，一如大多数战争纪念碑。参观者满心敬畏地
伫立着，同时注视着这尊已然成为太平洋战争标志的雕
像，不过他们更多是在接收纪念碑的信息，而非完成纪
念碑的意义。

前文引证的游乐场地的例子和战争、死亡等事相比或许微不足道。毕竟，除了获得其本身的快乐和享受外，游戏就没有什么别的目的了。如果游戏者发现某种游戏方式比其他方式更有趣，那么它就是成功乃至有效的。但游戏在深层次上也是富有教育性的。只要放宽视野来看待那种开放的、未经规定的游戏，我们就能发现它们其实是极其严肃的事。

所有的哺乳动物都会把大量时间花在看似无目的的 64
玩耍上，智人尤甚。别的不论，哺乳动物正是通过表面
无序的游戏行为，哪怕是杂乱无章的吵吵闹闹，来开发
它们的身体协调性和机能，它们的情感规则，它们的社
交能力、适应性，它们的归属感，以及它们的沟通、信
赖和探索能力的。从哺乳动物（包括人类）的生活中

剥离游戏将造成灾难性的后果，它最能体现游戏的重要性。如果不能玩耍，没有哪种哺乳动物可以成功进入成年。在人类中，没有游戏的人远比他人更容易表现出抑郁、普遍不信任以及暴力反社会的倾向。美国国家游戏研究所（National Institute for the Study of Play）的创始
65 人斯图尔特·布朗（Stuart Brown）首先意识到了玩耍的重要性：拥有很强的反社会人格的人大多有一个特征，那就是玩耍在其个人早期经历中的缺失。除了睡眠和做梦之外，游戏作为人类的第三大无目的行为，其实是人之为人的关键，对个人身心和社会来说都不可或缺。

碎片十二　不要以为你可以预测一切！论不确定性和适应性

从表面上看，效率的观念与游戏的开放性特征背道而驰。一旦行为的目的被精确确定，如制造汽车、纸杯、胶合板或者电灯泡，似乎达成目标的有效途径便只有一个，至少在给定条件下只有一个。如果在一套制度或者一座工厂中，完成任务的条件保持重复、稳定、可预测，那么一套固定的程式确实会尤其高效，而且它毋

庸置疑将是封闭的。

这种“效率”观念至少在两个方面存在缺陷。

这一观念首要的也是最明显的不足在于，在多数经
济体和人类事务中，稳定的环境是一种特例而非常态，
一旦状况发生可观的改变，既定程式可能就无法适应
了。一个工人掌握的技能总量越多，学习新技能的能力
越强，就越容易适应不可预测的任务条件；推而广之，
由这种适应性强的个体组成的机构的整体适应性也更
强。不论对个人还是机构来说，较强的适应能力和丰富
的技能都可以成为一份对抗不确定环境的保险。在更大
的意义上，这可以说是直立人相较于其他灵长类竞争者 66
的最大优势：适应变化无常的环境的高超技艺，以及最
终改变环境的能力。

我的大学邮箱曾收到一封健康信息公报，里面有一篇关于营养的简短文章用十分实用的方式揭示了灵活性和广泛性在生活中的重要意义。文章说，过去十五年的科学研究发现了大量人类健康所必需的营养物质。这很在理。然后文章提出了一个在我看来颇有创见的判断。“我们可以预期，在今后十五年的时间里，人们还会发现很多眼下大家一无所知的重要新营养物质。”（我记

得它大致是这个意思。）文章接着说：“故而，我们现在能给大家的最好建议，就是请尽自己所能保证饮食的多样化，从而把目前尚不为人所知的营养物质纳入我们的菜单。”这一建议正是建立在未来不可测的前提上的。

效率的静态概念的另一个缺陷，在于它完全忽略了人的因素：任何流程的效率，只要涉及人工劳动，就会依赖于劳动者的耐性。通用汽车公司在俄亥俄州洛兹敦（Lordstown）刚刚建成组装厂的时候，该工厂的结构本身堪称艺术品。[①] 流水线上的各种工序和操作被分成了数千个独立的步骤，这是福特主义式效率的一个典范。厂房的照明和通风经过了精心设计；地板总是打扫得一尘不染；为了削弱机器噪声，室内不断播放着轻音乐；工作时间表里还有固定的茶歇。该组装厂追求的正是效率。它有历史上速度最快的装配流水线，要求的工作节奏之快也史无前例。工人在流水线上发起了抵抗，他们
67 找到了一些不引人耳目的破坏方式，可以让生产暂停。出于失落和愤怒，他们破坏了一些零件，使得有缺陷、

① 该工厂建成于 1966 年。

需要替换的工件的出现概率大大提高。后来，流水线被重新设计，放慢到了一种更人性化的速度。对于我们的讨论，这一案例的要点在于劳动者对不人道的速率的抵抗，实际上降低了装置的效率。在新古典经济学中，脱离了劳动者对劳动条件的接受和忍耐这一前提，便无从提起劳动效率。工人如果拒绝遵守工作计划，就可以用自己的行动来给计划的效率拖后腿。

碎片十三　人类总产出

前面的新古典经济学问题可能过于狭隘了。与其追究特定产品在每种成本（即付出的资源、劳动、资本）上的效率如何，我们能否就制度和行为另外问一个问题？我们是否可以问：特定的制度和行为会带来怎样的人？任何我们能够想到的行为和制度，不论其表露的目的是什么，都在有意无意地改变着人们。

我们能否忽视一种制度宣称的目标和它达到目标的效率，转而探究它对人产生了何种效果？制度和经济活动在人的层面产生的效果可以有很多种评估方式。经济学上的国内生产总值（GDP）可以用货币单位衡量；然而，相比之下，我们不太可能确定一个令人信服的衡量“人类总产出”（gross human product，GHP）的标准。

如果我们不畏这些困难，决意一试，我认为我们有
68 两种途径来厘定标准：第一，衡量一项工作如何扩展了人的能力和技能；第二，立足于工作者对于自我满意程度的判断，从而确立评估标准。其中第一种途径至少在原则上可以量化，可以用“增加了”或是“减少了”来衡量。

如果我们把衡量人类能力与技能的标准用于评估工业流水线，会得到怎样的结果？如果一个工人在洛兹敦或者胭脂河的工厂待了五年或者十年，其能力或者技能得到显著提升的可能性有多大？我怀疑小到可以忽略不计。流水线上的劳动分工的背后逻辑是时间和动作的细分，其全部意义就在于把工作流程拆分为上千个微小的、可以轻易学会的工序。流水线的设计意图恰恰就是消解工匠－工艺知识，同时也消解这种知识赋予劳动者的权力，让它们统统去为那个逝去的手工打造四轮马车的时代殉葬。无技能的、标准化的劳动力是流水线运转的前提，流水线上的一个“人手”可以轻易被另一个“人手”取代。换句话说，流水线的建立以劳动力的

“愚蠢化”为基，此言不虚。如果一个工人有幸增进了自己的能力和技能，他若不是在业余时间做到的，便是想出了某些机智的策略，挫败了流水线的管理意图。无论如何，如果我们要评估装配流水线，给它对人类能力、技能的增进打分，那么结果肯定是不及格，不管它在制造汽车方面有多高效。逾一个半世纪之前，亚力克西·德·托克维尔在评论亚当·斯密关于劳动分工的经典例子时，问了一个中肯的问题：“对一个做了半辈子别针头的人，我们还能奢望什么？”[2]

经济学中，英国经济学家约翰·希克斯（John 69
Hicks）提出过一个收益的概念。它代表了福利经济的早期观念，实现这种收益需要生产要素（尤其是土地和劳动力）在生产过程中没有被降低品质。如果它们的品质有所减低，就意味着下一轮生产要利用更低劣的生产要素。所以，如果一种农业生产技术耗竭了土壤中的养分（有时这类活动被称为“土壤开采”），它造成的损失就会在希克斯的收益标准中反映出来。同理，任何像流水线那样损害劳动者天赋和能力的生产方式，也会在希克斯的收益标准中减去相应的损失。相反的情况一样适用。能够系统地涵养土壤养分的耕作方式，以及能够拓展劳动者技能和知识的工农业生产方式，在希克斯的标准中可以体现为相应农场或工厂的一项收益。福利经济学定义的正外部性和负外部性是希克斯收益计算的题中之义，不过它们很少体现在公司的纯收益数据里（这在意料之中）。

上文使用的“能力”这一术语可以同时有狭义和广义两种理解。以汽车工人为例。狭义上，“能力”可以指他在多少种“工位”上工作过，有没有学习过热铆、焊接、容差调整等手艺。广义上，“能力”可能关系到他受到的训练是否能够让他胜任高级工种或者管理职责，他是否在组织工作流程时获得了合作的经验，他的创造力是否得到了发挥，他在工作中是否学到了谈判和代表的
70 技能，等等。我们可以把“能力”更广义地拓展到民主制度下的公民权利方面：很明显，装配流水线本身是权力高度集中的环境，决定权集中在少数工程师手中，而可替代的大量劳动力个体只能机械地接受分配给他们的工作。虽然这种管理体制在现实中经常不奏效，但是流水线的直观逻辑诚然如此。它作为一种生产流程，造成的将是负的“净民主产出”（net democratic product）。

如果我们对学校做同样的测试，结果又如何？在大多数地区，学校是承担年轻人社会化职责的主要公共机

构。追溯一下历史就可知道，上述工厂制度的问题也完全适用于学校。公立学校差不多和那种拥有大厂房的工厂出现在同一历史时期，而且这两种机构有高度的亲缘相似性。在某种意义上，学校就是一间工厂，训练学生掌握基础计算能力和识字能力，为他们进入工业社会做必要的准备。查尔斯·狄更斯在《艰难时世》中讽刺地刻画了葛擂硬先生精于算计、咄咄逼人的家长形象，正是要提醒我们教育和工厂间的关联：工作时间安排、守时纪律、威权主义、对秩序的严格管制，还有那些“小工人”的消沉与反抗。

当然，全民公共教育的目标绝不仅仅是为工业生产提供劳动力。它在作为一套经济制度的同时，也是一套政治制度。公共教育意在创造爱国的公民，他们对国家的忠诚要超越他们对地方语言、族群、信仰的认同。在革命时代的法国，普遍公民权的对等物是普遍兵役义务。学校系统用来创造这种爱国公民的方式并不在于表面上的课程设置，而更多体现在授课语言、学校的标准化管理，以及暗中灌输的组织、威权和秩序观念上。

现代的小学和中学系统相较最初已经发生了很大的 71
改变。改变的动力有不断革新的教育理念，但更重要的是生活的富足和“青年文化”本身。不过，学校与工厂有历史同源关系，这是毫无疑问的。不可否认，全民义务教育是民主而平等的社会的根基；不过从另一个侧面来讲，它也意味着所有的学生都必须上学，少有例外。出席课堂并非可选，亦非自主，这意味着义务教育从一开始就在本质上是一套强制制度。因此它应为这种强制性所附带的一切异化作用负责，尤其要为少儿长大以后表现出的异化后果负责。

放着上述负面效应不论，全民公共教育的最大不幸在于它大体上是一条产品单一的生产线。在最近数十年推进教学规范、学生评价、应试和责任制的进程中，这一趋势反而愈发严重了。结果，学生、老师、校长乃至整体的学区汲汲营营，争相让所有的努力都为教育产出的标准化服务，奋力迎合官方设立的标准。

这种教育的产出是什么？它是一种特定形式的（狭义的）分析型智能（analytical intelligence）；按照规划，它可以通过考试来测量。众所周知，在一个成功的社会中，有价值的重要技能有很多很多，而分析型才能与成功社会几乎是风马牛不相及。这些有价值的才能包括艺术天赋、想象力智能、手工智能（也就是早期工人从田间带到福特工厂的才能）、音乐舞蹈技能、创造力智能、情感智能、社交技能和伦理智能。这些才能中有的可以在学校的课外活动（尤其是体育活动）里找到一席之地，但终究无法进入那些被检测、被打分的学校活动，计分项才是学生、老师、学校全力关注的对象。 72
这种单调扁平的教育在法国、日本、中国、韩国等国的教育系统中被奉为圭臬。在这些国家，基础教育实践最终汇为一场决定学生未来社会地位和终身命运的大型考试。于是，在进入名校、报名课外辅导班、参加死记硬背的专门备考课程这些方面，争夺达到了疯狂的水平。

我，本书的作者，可能还有所有读到这本书的人，都是这你死我活的拼抢中的胜出者和受益者。这是何等的讽刺啊！我不禁想起我在耶鲁大学的厕所隔间里面看到的涂鸦。有人写道：“记住，即便你赢了这场耗子赛跑，你依然是耗子！”下面还有另一个人的笔迹，机智地回应说：“是啊，可赢家就是不一样。”

“赢得”了赛跑的这部分人终身受益于随之而来的机遇和特权——没有这场赛跑，其人生可能就是另一番景象。这场胜利也令人一辈子享受地位、优越感、成就感和自尊。让我们暂且不论这种制度红利是否正当，也不论它究竟如何影响着我们对自身或他人的价值评判，而将注意力投向教育所代表的那种社会资本，它使得财富和地位的机遇向“赢家”倾斜。这是赋予大约前20%的胜出者的终生特权。

其余人又怎样了呢？剩下的那80%输掉比赛者的结局又如何？他们享有较少的社会资本，机会并不青睐他们。或许同样重要的事实是，他们可能终生怀着一种挫败感，认为自己的个人价值、智力和地位都低人一等。这样的制度性后果进一步疏离了社会机遇。只在一
73 个狭窄的方向上评价人类智力，并且只用考试技巧来衡量这一方向上的智力水平——我们还有什么理性的理由可以支持这种评价体系吗？

在测量分析型智能的测试中得不到高分的那些人，可能在学校系统不看重的诸多智力形式中的至少一个方面是天赋出众的。浪费了五分之四的学生的天赋，让他们背上持久的污名，使他们在社会守门人眼中乃至在他们自己眼中成为失败者——这是怎样一种制度？这种视野狭隘的教育赋予“分析型智能精英”丰厚的特权与机遇。这么做有什么正当的好处？是否值得社会承受如此巨大的人才损失与浪费？

碎片十四　一家照顾机构

二十年前，我探访一家“照顾”机构时的奇遇至今仍令我脊背发凉。我有两个住在西弗吉尼亚州的姑姑，两人都寡居，而且膝下无子，从教师岗位退休后住进了养老院。这家养老院的规模不大，住着大约二十位老太太，她们通常要自己穿衣起居，自己步行到公共餐厅用餐。两个姑姑都已经超过 80 岁了，其中一位在养老院走路时摔了一跤，住了院。她要向养老院证明自己能够独立起居并行走，否则养老院就不会接她回去。所以她在医院里多待了些时日。

两个姑姑意识到了问题。随着身体愈发虚弱，她们要离开养老院，住进照顾更周到的疗养院。我是在下一代亲属中与她们走得最近的，于是两个姑姑找到我，让我去考察一些疗养院，好让她们选择一家照顾周到且她 74
们负担得起费用的。

我周五抵达了她们所在的镇子，并且赶在周六与她们共进晚餐之前物色了两家似乎还可以的疗养院。其中一家看起来更友好一些，清洁工作更细致，也不大有怪味——即便是最好的疗养院也难免有异味。我想知道疗养院的居民对生活环境的亲身感受，于是就逐门逐户地做了非正式的调查。我每敲开一扇门，就先自我介绍，接着解释一下两个姑姑的情况，然后听听疗养院居民有什么话要说。他们的评价非常正面：他们赞扬了自己受到的照顾，称工作人员细心，伙食也好，疗养院还组织每周一次的活动和小型出游。

星期天我再次出动，顺势再考察附近的两家疗养院，这样我就能在飞回家之前看够六家。周日一早，我就像前一天一样和工作人员交谈，再和住户攀谈。在接待区的那一层楼只有一个护士，她带我参观了疗养院设施，边走边讲解。等她讲完之后，我提出想和几个老人聊聊。她知道我是在为两个姑姑寻找去处，所以就带我去找了去年来到这里的一双姐妹，她们两人合住一间屋子。

我介绍了自己，并且说明了为何要听她们讲述其自身经历。接着，她们绘声绘色、颇为热情地赞扬了疗养院提供的照料。“又是一个合适的地方。”我开始这么想。这时，远处的护士站隐隐响起了电话铃。那位护士抱歉地说要失陪，因为周日总是缺少人手，然后便跑到
75 前厅里去接电话了。等她一跑远，姐妹俩中的一位便把

手指竖在嘴唇上，激动地说："无论如何，一定不要把你姑姑送到这儿来！""他们对我们很不好。""我们要是稍有抱怨，或者要求一点额外的照顾，他们就会朝我们大吼大叫，让我们闭嘴。"她们详述了如果不小心得罪了工作人员，他们就会如何迟迟不给她俩洗澡，或者不给她俩拿饭、拿个人物品。这时，外面响起了护士渐渐走近的脚步声，其中一位老太太又在嘴唇上比了比食指，然后护士走了进来，我们正若无其事地聊着天。

开车前往第四家疗养院的路上，我意识到自己刚刚见证了一种底层恐怖统治秩序的运作。根据我的所见判断，因为疗养院的住户持续需要护士来满足他们的基本需求，所以他们只会说迎合工作人员的话，不敢造次，否则就会受到惩罚。再加上我的两个姑姑教了一辈子语文和辩论，又都有拿破仑情结①，所以在这种统治下估计坚持不了几天。我还意识到，此前我在和几家疗养院的住户攀谈的时候，总有一个工作人员陪着。于是，在接下来拜访另外四家疗养院时，我始终坚持独自参观疗

① "拿破仑情结"是一个心理学命题，主张有些矮个子的人更容易有强势的性格，以此弥补身高上的自卑。

养院的设施，和自己偶遇的住户交谈。如果这一要求被拒绝——四家中有三家情况如此——我就径直离开。

最后，我另外找到了选择的依据。在一家疗养院，我描述了姑姑们退休前的职业，一个护士长问了我姑姑的名字，然后惊道：“啊，是哈钦森女士呀！我记得她，她是我的高中语文老师。她很严格，不过我还记得她曾邀请全班同学去她在桑迪维尔的农场做客。”我觉得如果我的这个姑姑是“哈钦森女士，我们的语文老
76 师”，而不是某个不知名的脆弱的80岁老太太，我就有理由期望她能得到更多、更好的照顾；而且如果情况理想，和她同住的她姐姐就能获得同等待遇。我只期望护士长没有对埃莉诺姑姑的拿破仑情结耿耿于怀，让疗养院成了她的圣赫勒拿岛。

试想，我的两个姑姑当了一辈子有权力的人物，在学生中一言九鼎，到了人生的最后阶段却可能被贬至卑下、恐惧和噤声的境况。想到这样的画面总令我情绪低落。另一件让我无法释怀的事，是忙得不可开交的护士经常用哄小孩的语气对待老人：“来，亲爱的，像个乖宝宝一样吃药药了。”

与一个超荷工作却报酬不足的工作人员形成那样简

陋的身体依赖关系，老人必须依靠他们来满足最基本的需求，不难想象，这将会如何迅速而彻底地催生出一种“制度人格”，又将会如何在那些老婴儿身上造成低幼化效应。疗养院和监狱、修道院、军营不无相似之处，它们都由一种综合性的权力“全盘”管理，个体生活在其制度规则的压力之下，必须遵从规则，无法躲避。

碎片十五　机构生活的病理学

我们一生中的大部分时间是在各种各样的机构[①]中度过的：家庭、学校、军队、工商企业。这些机构在很大程度上塑造了我们对现实的期待、我们的个性，还有我们的日常生活。尽管这些机构各有特点，而且并非一
成不变，但我们是否仍能就这些机构对我们经年累月的 77
影响说点什么？

我确实有一些粗糙的想法，但说无妨。首先需要我们关注的一点是，自工业革命的发生和城市化的冒进以来，世界人口中成为无产者的比例越来越大，他们必须

① 本章中的“机构”和“制度”都译自英文 institution。

依靠大型的层级组织讨口饭吃。前工业时代的小农和小店主经营的家庭经济常常不比无产者宽裕或安稳到哪去。不过，前者的经济生活绝少受到经理、老板或者工头的直接、持续控制。那时也有佃户或者小业主，佃农受制于地主的无常喜好，小业主也会欠银行或者放贷人很多钱，但是他们可以自主支配自己的日常工作：什么时候种植，什么时候耕作，什么时候收获和卖出，等等。再看一下工厂工人的生活：从早上八点到下午五点的时间被绑架，被流水线上机器的节奏绑架，而且时刻遭到监工或者摄像头的监视。即使在服务业，在工作节奏、规范和管理方面，工人无时无刻不在受到严密管控，这是独立的店主所不曾经历的。

第二个值得一提的现象在于，这些机构具有根深蒂固的层级结构，以及典型的集权管理模式，极少有例外。可以说，关于等级体制规则的训练在农业社会和工业社会的父权家庭就开始存在了。在家庭结构方面，尽管已从早期视孩子、女人和仆人为财产，发展到如今男性家长不再那么独大的情形，但父权家庭还是延续了下来，且它也称不上独立自主精神的训练场。独立自主是男性家长的专享之物。更贴切地讲，历史上的父权家庭

对于其多数成员来说是培养服从精神的机构，对于男家 78
长和特定的男继承人来说则是集权统治的训练场。人成年之后进入以集权环境为主的工作场所，家庭中的服从经历得到强化，进一步削弱了工人的独立自主能力。这在人类总产出方面效益堪忧。

人长期生活在服从中，这对于一个奉行民主的公民社会有着不祥的潜移默化作用。如果一个人在醒着的时间都低声下气，其生存习惯和个人形象都是在集权的环境中获得的，那么，你还有理由期待他在小镇业主会议上挺身而出，摇身一变成为勇敢正直、独立思考、不畏风险的模范公民吗？人们真的可以从工作场所的专制体制径直投入公共领域的公民民主活动吗？集权环境确实对人格塑造有深远影响。斯坦利·米尔格拉姆的著名实验[①]发现，大多数受试者即使认为电击很强烈，甚至可能威胁受电击者的

---

① 在斯坦利·米尔格拉姆（Stanley Milgram）的实验中，研究人员扮演一个“权威”的角色，实验志愿者被要求担任“老师”，当扮演学生的人犯错时，“老师”要执行对“学生”的电击。“老师”可以听到“学生”遭电击时的哀嚎，但实际上这是预先录音或是由知道实验内情的“学生”演出来的。“权威”不断要求“老师”提高惩罚的电压。实验显示，虽然作为“老师”的实验志愿者都表现出了紧张、抗拒的情绪，但只有极少数人真正拒绝执行足以致死的高电压惩罚。

生命，还是会遵从穿白大褂的人的权威指令，执行电击。菲利普·津巴多在另一个心理学实验①中发现，扮演监狱看守角色的实验参与者会很快开始滥用权力，以至于他需要终止实验，以防止受试者遭到进一步的伤害。[3]

从更抽象的层面讲，前有拉波哀西②，后有让-雅克·卢梭，背景各异的政治哲学家纷纷对等级制和集权制的政治后果表示深切忧虑。他们认为，这种环境塑造的是臣民的人格，而非公民。臣民学会了顺从。他们要对上等人阿谀奉承，养成臣仆的习气，看准时机巧言令
79 色，很少尝试独立的思维，更不会参与思想争议。他们总的行为习惯就是小心谨慎。他们或许有自己的观念看法，甚至是颠覆性的观念，但他们不会把观念表达出来，而是谨慎地避免公开表现出行动上的独立判断和道德选择。

“制度化”（这个术语本身就具有判断性质）的极端形式，例如监狱、精神病院、孤儿院、济贫院、劳教营和

---

① 菲利普·津巴多（Philip Zimbardo）的斯坦福监狱实验召集了24名斯坦福大学的学生作为志愿者，他们中的一半在监狱中扮演狱警，另一半扮演囚犯，模拟监狱的日常运作。随着时间的推进，扮演狱警的学生虐待、殴打“囚犯”的频率越来越高。出于人身伤害的风险，整场实验在进行六天后被终止。

② 埃蒂安·德·拉波哀西（Étienne de La Boétie，1530～1563），法国法官、作家，著有《自愿奴役论》。

养老院，会生产一种人格障碍，有人称之为“制度性神经症”（institutional neurosis）。它是长期制度生活的直接后果。患有这种人格障碍的人显得缺乏同情心和主动性，对周围事物没有兴趣，不会制订计划和自发行动。这些制度性主体因为只会配合，不惹麻烦，能适应制度化的规程，所以被管理者青睐。在极端的例子中，他们可能会变得幼稚，表现出一种特别的体态和动态，变得自我封闭、无法交往。失去与外部世界的联系，没有朋友和可关切之事，受控于管理者的权力——这些就是制度的极端后果。

我想问的是：生活世界中的机构（家庭、学校、工厂、办公室、工地）所包含的集权与层级性质是否会造成程度较轻的制度性神经症？制度化有程度之别，我们可以把那种“全盘”管理的机构放在最严格的那一端，它们会全方位地摧毁人的自主性和自发性。位于宽松这一端的，或许是某种理想状态的杰斐逊主义民主社会，
由独立、自立、自尊的自耕农和自营小企业主构成，他 80
们对自己负责，没有债务负担，也不出于任何制度原因受人役使或威压。杰斐逊认为，这种自立的农民是活跃、独立的公共领域的基础，他们在表达自己的意见时不需要顾虑任何人的恩泽或者报复。西方民主社会多数公民

的当下境况，位于宽与严两端之间的某处：有一个相对开放的公共领域和一种日常的机构经历，后者在目的上大体与公共领域的隐含前提相矛盾，并且鼓励乃至奖励谨慎、顺从、谦卑和服从。这种状况是否产生了一种制度性神经症，将公共对话的活力逐渐抽走？在更广泛的意义上，父权家庭、国家制度或其他等级制度中的生活，对人造成的日积月累的影响是否会造就一种更为消极的主体，是否在削弱人们自发产生互助关系的能力，一种无政府主义者和自由民主制的理论家都十分看重的能力？

如果确有其事，那么公共政策的一大要务就是扶持能够拓展公民独立性、自主性和公共能力的机构。调整公民的制度生活，使之同对民主制下公民主体的能力要求相适应，这如何可能？

碎片十六　一个试探性、反直觉的例子：移除交通灯

日常生活的规则往往因为随处可见，并且深嵌于我们的例行活动与期待中，而被我们视而不见。拿路口的红绿灯作为例子。红绿灯是美国在第一次世界大战之后

的发明，它用交通规划者的判断取代了存在于多数历史 81
时期的行人、马车、汽车和自行车之间的互相让行。交通灯的设置目的是通过执行一个经过设计的协同方案来防止交通事故。不过，交通灯也不时造成本书开头描写的新勃兰登堡的情况：几十个人耐心地等红灯，即便马路上连一辆车的影子都没有。人们悬置了自己的独立判断而服从于习惯，或者可能服从于身为市民对大家普遍遵守的法定交通信号秩序的敬畏；用独立判断来对抗这一秩序最终或许会造成不好的结果。

如果路口没有交通引导装置，司机和行人必须靠他们的独立判断出行，那么会发生什么？自1999年起，从小城德拉赫滕（Drachten）到整个荷兰，这个设想被付诸试验，大获成功。结果欧洲和美国掀起了一阵“移除交通灯”的热潮。[4]无论是这个政策性小倡议背后的理由，还是其结果，都应该足以启发那些影响更深远的制度设计尝试，启发它们去拓宽人们发挥独立判断力的领域并开发人的能力。

2003年率先提议移除德拉赫滕一处红绿灯的反直觉交通规划师名叫汉斯·莫德尔曼（Hans Moderman）。此后他转而提倡“共有空间”（shared space）的概念，它很快在欧洲各地获得接受。起初他发现，当城市停电造成交通灯失灵时，交通非但没有拥堵，反而更通畅了。他做了一个实验，改造了德拉赫滕的一个每日通行 22000 车次的路口——去掉红绿灯，把十字路口改建为转盘，并且拓宽自行车道和人行道。在接下来的两年间，这里只发生了 2 起交通事故，而在之前四年此处共
82 发生事故 36 起。当所有的司机知道必须依靠自己的判断小心驾驶时，车流变得更快速而顺畅，拥堵和路怒基本消失。莫德尔曼把这种情况类比为一片拥挤而有序的溜冰场，每一个溜冰者都能够根据其他溜冰者的移动调整自己的步伐。他还认为，过多的交通引导装置会导致司机无心看路，实际上降低了路口的安全性。

我相信，移除红绿灯可以被视为对行车责任和公共礼仪的一种温和的训练。莫德尔曼原则上并不反对交通灯，他只是发现德拉赫滕的交通灯没有在交通安全、交通通畅和减少污染方面起到任何实质性作用。转盘道看似很危险，但这正是它的意义所在。莫德尔曼主张，“当驾驶者更专注地开车时，就会表现得更谨慎”，而“后红绿灯时代”的交通事故数据确实佐证了他的话。司机需要和使用其他出行方式的人共用道路，又没有交通灯的

强制协同，这样的驾驶环境要求的只有谨慎，一种法律支持下的谨慎：在交通事故责任难以确定时，法律会归咎于“强者”（也就是说，机动车和自行车之间的事故由机动车负责，自行车与行人间的事故由自行车负责）。

在交通管理中实践“共有空间”的概念，要求驾驶者、骑自行车者和行人都发挥智力、判断力和感官注意力。同时我们也可以认为，“共有空间”以微妙的方式拓展了驾驶者和行人的能力，让他们自主协商道路通行规则，而不是被强制性的交通标志（德国有 648 种法定交通标志，越是靠近大城市，标志种类就越多）和信号当作没有思维的机器人。莫德尔曼认为，指令越 83
多，司机就越倾向于占规则的便宜：在测速仪之间超速，闯红灯，抛弃没有硬性规定的行车礼仪。驾驶者早已学会了在交通规则的迷宫里投机取巧。莫德尔曼的创新之举在世界范围内形成了一定的影响力，虽然我们不应夸大其意义，但它确实对人类总产出做出了切实的贡献。

这场在交通管理方面的范式革命增加了人们的幸福感。荷兰的一些小城挂起招牌，自我吹嘘说它们“没有交通标志”（Verkeersbordvrij）。它们举办了一届会议来讨论这套新哲学，宣告：“不安全就是安全。”

第四章　给小资产阶级的两声喝彩

碎片十七　重新认识一个被诽谤的阶级

> 物质财富增长多少也不足以弥补他们因那些遭遇而被伤害的自尊、被削减的自由。
>
> ——R. H. 托尼[1]

84 该有人出来为小资产阶级说句好话了。工人阶级和资产阶级从来不缺少发言人，小资产阶级则不然。他们很少甚至不曾发声为自己辩解。资产阶级在工业组织和达沃斯世界经济论坛中聚会，工人阶级在工会联盟大会上聚集，而据我所知，小资产阶级唯一一次集合在其自己的旗帜下的场合，是 1901 年布鲁塞尔的第一届小资产阶级国际会议（First International Congress of the Petite

Bourgeoisie）。此后再无第二届会议。

一个相对无足轻重阶级，一个（借用马克思主义 85
的术语来说）显然不“自为”（*für sich*）的阶级，为什么要为他们费口舌呢？有几个原因。首先最重要的原因是，我认为在如今越发由大型的政府官僚体制和商业官僚体制主宰的国家体系中，小资产者和普遍意义上的小业主代表着一个弥足珍贵的自主、自由的领域。自主、自由，再加上互助，就是无政府主义情怀的核心了。其次，我确信小资产阶级在任何类型的政治体系中都承担了重要的社会和经济功能。

最后，考虑到各种对小资产阶级的界限的宽泛定义，它是世界上最大的阶级。如果我们不把小资产者仅仅等同于标志性的小店主，而是算上小农、工匠、商贩、独立的技师、只拥有一辆手推车或者一艘小划艇和几件工具的小贸易商，那么这个阶级便会迅速壮大。如果我们再把处于阶级边缘的人，比如佃农、拥有一头役畜的雇佣农业工人、收购废品者和流动女商贩（他们的自主性受到严重限制，同时财产也极其有限）算上，小资产阶级的规模就更大了。不论具体工作为何，他们的共同点在于掌握了自己的工作时间，并且在没有或只有很少监视的环境中劳动，这也使得他们不同于办公室员工和工厂工人。可以把这一特性视为一种非常不可靠的自主性，他们遇到的实际问题是，可能一天要工作十八个小时才能赚到刚够维持生计的钱。不过正如我们接下来将要澄清的，对自主性的渴望、对工作时间的控制，以及这样的控制权带来的对自由感和自尊感的渴望，是被世界上大多数人口广泛忽略的一种社会期待。

碎片十八　蔑视从何而来

86 在我们开始赞扬小资产阶级之前，不妨先思考一下为什么这个阶级如此声名狼藉。马克思主义者对小资产阶级的蔑视在某种程度上是结构性的。资本主义工业创造了无产阶级，于是无产阶级的解放便意味着要超越整体上的资本主义制度。马克思主义比较吝啬对资产阶级给予肯定，然而资产阶级战胜了封建制度，释放了现代工业的强大生产力。他们为无产阶级革命的胜利和物质条件极大丰富的共产主义的成功搭好了舞台。小资产阶级则高不成低不就；他们贫穷，但还是贫穷的资产阶级。他们可能不时会和激进派站在一起，但他们作为盟友只能共安乐，不能共患难；他们是本质上不可靠的朋友，因为他们脚踏两个阵营，时刻不放弃成为大资产阶级的希望。

“小资产阶级”中的“小”字，被英语直接从法语中的“petite”转换为“petty”而不是“small”之类的词，这又造成了进一步的伤害。如今“petty”一词的意思不光是“小”，还指可鄙的琐碎，正如“pettifoggery”（强词夺理）、“petty cash”（零用钱）或是“petty”一词本身所表达的那样。当它被用来组合成“小资产阶级”这个称呼时，“小”字就汇集了来自马克思主义者、学院人士和贵族的鄙视之情，他们不齿于这个新来阶级的庸俗品位、粗浅的金钱与财产欲望。布尔什维克革命之后，被扣上小资产阶级的帽子可能意味着坐牢、流放或者枪毙。鄙视小资产阶级的人还将他们形容为病菌，这预示了后来纳粹的反犹太主义。布哈林在说到喀琅施塔得罢工时曾贬低罢工工人和水手：“小资产阶级的瘟疫从农民扩散到了一部分工人阶级的身上。”[2]那些 87
抗拒集体化的小农也被冠以类似的污名：“资产阶级的瘴气和小资产阶级的病菌仍然存在——消毒灭菌必不可少。”[3]这一例中的“病菌”基本上都指小土地所有者，他们在收获季可能会雇用一些帮手，有一些余粮。当然，所谓的小资产阶级大部分贫困、辛劳，其财产勉强能支撑吃穿用度；他们的剥削大部分限于父权家庭范围内，有人称之为“自我剥削”（auto-exploitation）。[4]

我认为小资产阶级受到的污蔑还有一个结构性的来源，这一来源在从前的社会主义阵营和广大资本主义民主制中都存在。真相是，将近所有形式的小物业都有逃避国家控制的方法：小物业难以监控、收税、管制，其自身活动的复杂性、多样性和流动性使它难以规范、管控。1929 年，斯大林推行冒进的农业集体化政策，直接导致这一政策转变的，正是苏联当局当年没能从小土地所有者那里征得足够多的粮食。国家政治的一条普遍原则是，所有种类的国家都总是偏爱更容易征收实物和税款的生产单元。正是出于这个原因，国家几乎总是流动人口——吉卜赛人、游牧民、流动商贩、流动农业工人、打工者——的宿敌。流动人口的行为是不透明、难追踪的，国家的制度雷达侦测不到它们。出于同样的原因，国家偏爱农业综合企业、农业合作社、种植园、国营经销商，而非小农小贩。国家偏爱大型集团公司、大银行和大型联合企业，而非小规模的工业和交易。前者

经常不如后者有效率，但是更易于被财政当局监控、管 88
理和收税。一旦国家财政的把控过严、过广，非正规、未经注册的“灰色”或者“黑色”经济就反而更可能兴盛起来，躲避国家财政的控制。另一个不言自明的结论是，大型机构有更大、更深的钱袋，这足以保证它们在政治领域有更大的发言权。

碎片十九　小资产者之梦：财产的诱惑

用一句话讲一段漫长的历史：智人的存在距今已经有大概二十万年，国家只是人类五千年之前的“发明”，而且在一千年之前，任何可以称为“国家”的东西都只统治了一小部分人类。那些确实生活在国家中的人也多为小资产所有者（农民、工匠、店主、商人）。接着，随着某些形式的代表权开始从 17 世纪发展起来，人们从地位和财产的层面认识了这个群体。可以代表现代政治的大型官僚体制机构或许最早是仿照修道院或者军营来组织的，不过它们本质上是最近两个半世纪的历史产物。这从另一个角度印证了人类生存于国家之外的悠久历史，以及 18 世纪之前的国家中有两种截然不同的生存状态——其一是形式上的非自由人（奴隶、农奴和仆从），其二是占人口大多数的小财产所有者。后者在理论和实际上都有某些形式的成家立业的权利，可以拥有和继承土地、建立贸易关系、选举自己村庄的首领以及向统治者请愿。所以对于下层阶级来说，相对的
89 独立自主有两种形式：生活在国家触之不及的边缘地带，或者生活在国家之中，同时拥有少量财产以及相关的基础权利。

我们在很多社会中都能发现一种巨大的欲望：想要自己的一片土地、自己的房子、自己的店铺。我猜想，这种欲望不仅关系到人是否真正踏入了随财产而来的自立、自主和安稳的领域，其实也是对统治者与邻居眼中与少量财富相匹配的尊严、地位和荣誉的渴求。对于托马斯·杰斐逊来说，由自立的小资产所有者组成的农业可以弘扬社会美德，这是民主的公民社会的基石：

> 大地的耕耘者是最宝贵的公民，他们最有活力、最自立、最高尚，联系着他们与国家以及国家所渴求的自由的，是最恒久的纽带。[5]

我在农村住过，也曾从书里读到农村社会。从这些经验中，我很难不注意到，在贫困线上挣扎的万千小农是怎样凭借其不可思议的坚韧在弹丸之地上谋生的。纯粹从经济学的逻辑来说，不管是租一片产量更高的土地，还是搬去城里居住，都可以使生活变得更好，可是他们就是死死抓住那一小块土地，能撑多久就撑多久。那些没有土地的农民会寻求一份土地的长期租约，最好是从亲属那里租——在社会地位方面，长期租约是除了自己拥有土地外最好的选择了。如果既没有自己的土地，也租不到土地，就只能为别人打工，在村子的窝棚里寄住，苟且生活。在收入方面，大多佃农比小自耕农活得更好，很多农业工人比小自耕农过得更舒适。不过 90
对于整个农民阶级来说，独立自主性方面的差异以及由此导致的社会地位差异是决定性的。小自耕农并不像佃农那样依赖于他人的土地；佃农至少在这个季节有地种，可以自主决定自己的工作时间；农业工人则只能接受有失尊严的依附关系，接受自己的生计全仰仗于邻居或者亲戚的好心。对农业工人来说，终极的耻辱是失去他们最后的独立：被从窝棚里赶出来。

在农村等级体系中，每降一级就会失去一些经济上的安定性和地位上的独立性。小资产者的梦想的真正内涵不是什么收入稳定性的抽象计算，而是发自肺腑地期望在他们所在的小社区取得完整的文化成员地位。财产意味着可以举行婚礼、葬礼，而且在一个马来西亚小村庄里意味着可以筹办斋月结束时的宴会，以此表明举办者的社会价值和地位。生计稳定的“中产农民”总是有钱支持这些仪式典礼，所以他们是最有影响力的村民，是人们羡慕和效仿的对象。凡是达不到这个标准的，就成了次等的文化成员。

小资产者的梦想受挫是标准的革命导火线。多数农民革命最有效的发起口号，无非用各种形式表达的“耕者有其田”。1917 年俄军在奥地利前线战败，一些被征召入伍的俄国农民回到乡里，参与了土地再分配运动，从而加速了农村发生的革命。在革命时代的中国，很多所谓的“打光棍”的、无地的农村雇工发现，加入国民革命军可以为他们提供珍贵的翻身机会——参加革命军或许能帮他们得到自己的土地，建立（父权）
91 家庭，获取他们热望的文化身份，从而获得体面的葬礼和其他种种好处。在 20 世纪的所有革命中，吸引农民热情参与的关键（诱饵?）就是表达土地分配、农民自立自强的愿景。如果要在土地改革之后实行集体化，多数农民就会把此举当作对小资产者梦想的背叛，摆出抵抗的姿态。

小资产者的梦想也深入了工业无产阶级的心理。一个贴切而又出人意料的例子是 1919 年鲁尔区煤矿工人和炼钢工人的民兵，他们被认为是无产阶级中最具革命性的群体，列宁把自己对德国革命的希望寄托在他们身上。[6]当被问到他们的梦想是什么时，他们的回答质朴得令人意外：他们想要高一点的报酬，短一点的工作时长（还有长一点的休息时间，我们可以这样合理推论）。除了这些被马克思主义者遗憾地称为“工联主义的意识”（trade-union consciousness）① 的要求，他们还渴望被雇主体面地对待［被称呼为“先生”（Herr）］，并且拥有自己的一间小屋舍和一处小花园。这件事的耐人寻

---

① 列宁在《怎么办?》一书中认为，单靠工人阶级本身不足以形成真正的阶级意识。他写道：“工人本来也不可能有社会民主主义的意识。这种意识只能从外面灌输进去，各国的历史都证明：工人阶级单靠自己本身的力量，只能形成工联主义的意识，即确信必须结成工会，必须同厂主斗争，必须向政府争取颁布对工人是必要的某些法律，如此等等。而社会主义学说则是从有产阶级的有教养的人即知识分子创造的哲学理论、历史理论和经济理论中发展起来的。”

味之处，不在于刚参与工业化不久的无产阶级把形成于农村故土的社会期待带到了工业社会，而在于他们的诉求：获得社会的尊重，以及过上成为文化思维定式的基于土地的自立生活。这些诉求既不符合“经济学”中工人阶级一心想涨工资的典型形象，也不符合革命性无产阶级的典型形象。

在过去几十年中，美国的很多次标准民意调查一直在问工业工人这样一个问题：如果不在工厂，你会选择哪种工作?[7]想经营小店、饭馆或者农场的人的占比高得出奇。这些梦想的一个统一主题是上班不受监控、时间自主支配的自由，在他们的心目中，这样的自由完全可
92 以补偿小生意必须应付的超长工作时间和经营风险。当然，多数人没有去实现这些梦想，但它们作为幻想的持久性已经可以证明它们的吸引力。

真正的奴役不同于“工资奴隶”①，亲身体会过前者的人得到哪怕一丁点物质独立的可能性，都有如梦想成真一般。[8]美国南方各州的黑人奴隶一旦获得解放，便会立马溜之大吉，逃出种植园农业区，在边缘地带的无

① Wage slave，也可译为“社畜”。

主公地上勉强独立维持生计。一杆猎枪、一头骡子、一头奶牛、一套渔具、几只鸡和鹅、一张犁，如此便终于可以独立地生活了。除非临时需要用钱，他们才会去给“那个人”打打短工。贫困的白人差不多也以同样的方式在公地上谋生，尽力避免自降身价去依附于富有的邻居。这造成了种植园经济的终结。19 世纪 80 年代之后，南方州颁布了一些“篱笆法案”，恢复了形式上经过大幅改造的种植园经济。这些法案明明白白地意图向独立黑人和白人关闭公地，把他们赶回劳动力市场。变革的结果就是佃农经济——美国历史上最接近农奴制的一套农业制度。

人有如此强烈的自主欲望，有时甚至会因此做出相
当倔强的举动。在工厂，流水线就是专门设计来把人的
自主性降到几乎为零的，但工人还是能偷回一些自主的
时间“溜号”，以此声张他们的独立性。[9]胭脂河组装厂的
汽车工人有时通过赶工给自己争取一些闲暇时间，以便
找个角落打个盹、读书或者玩一种危险的曲棍球游戏。
匈牙利人民共和国的工人会偷时间做“信鸽”——一种
做出来私用的小工件，哪怕这些东西没什么实际用途。 93
在以消灭“游戏”为目的的工作体系中，工人抗拒这

样的物化和无趣，用创造性的方式张扬他们的自主性。

现代农业企业为保障自己的利益剥夺了人们对小财产和自主性的欲求，其方式近乎残酷。禽类养殖业中的订单养殖就是一个非常值得剖析的例子。[10]大农业公司知道大规模的封闭养殖有很大的瘟疫风险，所以它们将养鸡的任务承包给“独立的”养殖户。养殖承包人对养殖场的建设和获得信贷所需的抵押负全责。养殖场必须按照泰森食品（Tyson）或者其他农业集团给出的具体说明搭建。这些企业会提供雏鸡，并且在承包合同中事无巨细地规定喂食、喂水、药剂、卫生方面的饲养规则，还会相应地销售设备和物资。每个养殖户的每日工作可以被密切监控，集团根据家禽在合同期结束时的体重增量和存活率来付给他们报酬，同时报酬的数额也随市场情况浮动。通常承包合同是重复续约的，不过也没有百分之一百的保证。

这一体系的不合常理之处在于，它保留了一种独立自主的幻象，同时掏空了其全部的实质内容。承包人是独立的土地所有者（也是抵押物的所有者），但是他的工作时间和工作活动几乎和流水线工人一样是安排好的。他并不能直接从脑后就感觉到监工的鼻息，但是如果合同不能续约，他就会陷入困境，因为有一个养鸡棚需要

他偿还贷款。大农业企业实际上转嫁了土地产权、借贷 94
来的资本和大量用工（只要有工人就会有利益上的诉求）方面的风险，同时收割了严密监控、标准化和质量管控的大部分好处，现代工厂原本就是为了实现这些目标而诞生的。这种农业模式十分奏效！抓住作为独立财产所有者的最后一点尊严的欲望是如此强烈，以至于“农场主”们愿意献出这尊严背后的所有实质性意义。

不管无政府主义在人类状况上有何疏漏之处，它都从人们的小资欲望中看到了对尊严和自主的追求，着实是对这一大众想象的敏锐洞悉。小资产阶级的独立梦想在实践中愈发难以实现，但它没有随着工业革命的兴起而消亡，反而在生活中找到了新的寄托。[11]

碎片二十　小资产阶级，不小的社会功能

从英国内战时期的挖掘派和平等派①到 1911 年的

---

① 平等派（Levellers）是英国革命期间的一个代表小资产阶级的政治运动和派别。在英国内战时期，克伦威尔试图将选举权限制在有一定资产的社会阶层中，而平等派提出了男性普选权的推行及各种自由主义诉求。挖掘派（Diggers）更进一步，主张土地公有、共同劳作。

墨西哥农民、西班牙将近大半个世纪的无政府主义运动史、许许多多的反殖民主义运动，再到当代巴西的民众运动，占有土地、拿回被夺走的土地的欲望，始终是平等主义色彩最浓的民众运动的母题。如果不诉诸小资产者之梦，他们可能就完全没有平复欲望的机会。

马克思对小资产阶级的蔑视（蔑视程度仅次于他最看不起的流氓无产阶级）源于他们是小的资产所有者，
95 从而是小资本家。只有无产阶级，一个被资本主义创造的、没有财产的新阶级，才真正可能是革命的；他们的解放寄托于他们能否超越资本主义。不论这在理论上听起来有多么合理，在西方直到 19 世纪末，工匠——纺织工匠、鞋匠、印刷工匠、石匠、木匠、马车师傅——构成了激进的劳动阶层运动的核心。他们是一个古老的阶级，拥有共同的社群主义传统、平等主义行事方式和地方凝聚力。这是新产生的组装工厂劳动群体所不可比拟的。当然，自 19 世纪 30 年代以来的大范围经济变革威胁了这些小资产者的生存，他们的社群和生意等岌岌可危；他们打的是一场保卫传统的战争，意在维护自己的自主性。巴林顿・摩尔（Barrington Moore）说过一句暗合 E. P. 汤普森①观点的话：

> 激进主义的首要社会基础是农民和城镇小手工业者。从这些现实之中我们可以得出结论：人类的自由热望不只在于马克思所指出的即将夺权的阶级的希望中，更可能在于那些即将被进步之巨浪拍碎的阶级的恸哭中。[12]

纵观冷战时期的世界历史，预防革命的标准策略就是赶在革命爆发之前推行土地改革，不过这种举措多半会受到精英的阻挠。只有在 1989 年东欧剧变之后，一些新自由主义共识才在世界银行等组织间形成，它们才将土地改革从政策议程中删除。另一类状况也是发生过的，小资产所有权受到威胁的情况引发了不止一次的保守主义运动；但如果书写一部人类追求平等的历史，它 96
的核心关注点就一定少不了工匠、小农，以及他们对独立所有权的热忱。[13]

---

① E. P. 汤普森（E. P. Thompson，1924 ~ 1993），英国历史学家、社会活动家，著有《英国工人阶级的形成》。汤普森在该书中研究了被工业革命淘汰的底层人群的生存状况。

同样十分值得一提的是小资产阶级在发明和创新领域扮演的不可替代的经济角色。在绝大多数新的工艺、机器、工具、产品、食品和观点的推广上，他们是先锋，虽然不经常是最终的受益者。没有什么地方比现代软件工业有更多的事例了，几乎所有新想法都是先由个人或者合作小组创造，然后被大些的公司买下或者吸收的。大公司的作用实质上是在创新领域“侦查”，然后通过雇用、窃取或者购买的方式来取得任何有前途（或者有威胁）的创新观点。大公司的竞争力主要在于它们的资本运作、市场运作、政治游说能力和垂直整合，而不在于它们的观念与技术创新。诚然，小资产者不可能把人送到月球上去，也不能造飞机、开采深海石油、经营医院、研发主要药物、开发手机；巨型企业承担这些事的能力主要来自它们整合千百个小发明和工艺的能力，尽管这些小的发明与工艺并不是它们创造的，且或许它们也没有能力创造。[14]当然，这种整合本身也是一项重要的创新。大公司对市场形成寡头垄断的关键恰恰在于它们消灭或者兼并潜在对手的能力。所以说，它们扼杀的创新无疑与它们利用的一样多。

碎片二十一　小资产阶级奉献的“免费午餐”

人无笑脸莫开店。——中国俗语

不久之前，我和一个朋友在她父母位于慕尼黑的家 97
中住了几天。他们身体较弱，大部分时间待在家里，但坚持于凉快的夏日早晨在附近简单散散步。他们先去了一家小食品杂货店，买了点蔬菜和耐用品；然后去了附近另一家店，那里有黄油、牛奶、鸡蛋和奶酪；之后去了水果摊；最后，他们停在一个小公园里看了一会儿孩子们的游戏，并从一个报亭买了一本杂志。这似乎是一套几乎不变的日常活动，每到一家店铺他们都会和人攀谈一番，时间或长或短，取决于店里有多少顾客。他们常常谈论天气，议论附近的交通事故，打探共同亲友的近况，称赞街坊邻里的新生儿，询问对方某个儿子或者女儿的进展，抱怨恼人的交通噪声，等等。

可以说，这些对话的内容颇为浅薄，除了客套话和日常生活的小变化外没有什么别的，不过它们从来都是

熟人间的话题，聊天的人知道彼此的名字和很多家庭往
98 事。这种简单甚至单薄的社交让我感到不可思议，但我意识到这是朋友父母每天的社交亮点。他们本可以去一家不远的大商店把这些东西一次性买齐。稍加思考，我们就会意识到小店主相当于一些免费的社会工作者，为他们的熟客提供简短但亲切的陪伴。当然，说“免费”也不太对，因为他们的商品售价往往比大的批发商店贵一些；店主们潜意识里明白，为顾客奉上微笑和问候有助于确立一群稳定而忠实的客户，从而拥有稳定的生意。为了避免有人极端愤世嫉俗地把店主的微笑看作自私的面具，我们不妨站在店主的角度看：和顾客寒暄可以让店主的生活不那么辛苦，否则他只能整天待在柜台后面切肉、称重、数钱。

小资产者在这些小社会场景中提供着免费而可靠的日常社交服务，这一角色是政府官员或者机构难以取代的。小店主阶层在做生意的同时奉献了许许多多于己于人都有利的优惠，社交只是其中之一。简·雅各布斯用细致入微的民族志眼光审视了邻里与公共安全的细节，记录下了小店主阶层的很多社会功能。[15]她提出的理念“街道上的眼睛”（eyes on the street）完全来自她个人

在 1960 年的观察，现今已经成为一个城市街区规划的
原则。这一理念指邻里之中互为熟人的行人、店主和住 99
户对于街区的持续的、非正式的监视。他们的存在、街道上生气勃勃的情景，以非正式的方式维护着公共秩序，很少需要官方介入。这一目标的关键在于，“街道上的眼睛”要求一个人口密集、功能多样的街区，街上有很多小店、工作室、公寓和服务点，以此保证四处走动着的办事、购物、运货人员能不时出现。人员流动的支柱就是小资产阶级商店主，他们认识自己的顾客，并且持续关注着街道的情况。此类街区远远安全于那些没有什么行人的荒废街区。这又是一例作为其他一系列活动的副产品的、没有公共成本的可贵效益（即街区安全的维护）。在缺失这种非正式结构的地方，即便是警察也难以有效地维持治安。

就像店家的笑脸一样，小资产者提供着一些金钱买不到的服务。雅各布斯注意到，通常每条街总有至少一个常年营业的小店老板会受邻里之托保管他们的家门钥匙。如果这些住户出远门，让亲属过来暂住看家，亲属就会从店主手中取钥匙。店主的这类服务是顾客委托之下的一份好意。很难想象人们能把这种事交给任何公共机构去办。

很明显，那些“大卖场”商店可以带来种类多样、比小店主卖得便宜（毕竟它们是大宗商品的采购者）的制成品。不那么明显的是，如果我们把小资产者提供的所有公共商品（正向的外部性）纳入分析，包括非正式的社会工作、公共安全、活跃有趣的街景带来的美感、多种多样的社交经历和个人化服务、熟人网络、非正式的邻里新闻与逸闻、社会团结和公共行动的基础设施，以及（在作为小土地所有者的农民的情况中）土地照管，
100 那么小资产者在全面、长远的考量之下也许是比大规模、非个人化的资本主义公司实惠得多的选择。尽管小资产者可能不大比得上杰斐逊主义民主理想所期待的那种自信、独立、拥有土地的自耕农，但他们同这个理想的距离比沃尔玛或者家乐福近得多。

最后还有一件事值得一提。也许一个小资产者和小商店主占主体的社会，比迄今为止人类设计出的任何经济体系都更接近平等和生产工具的大众所有制。

第五章　为了政治

碎片二十二　争议与质量：对抗质的量化

有一天，露意莎跟她弟弟的谈话被人偷 101
听了，这话的开头几个字是："汤姆，我感到惊奇"——葛擂硬先生便是偷听的人，他一听这话就走到亮处说道："露意莎，切莫感到惊奇！"

那种只顾培植理性而不顾及情感熏陶的教育方法的关键即在此，其秘密也在此。切莫感到惊奇。这就是说，用加减乘除来解决一切事情，而切莫感到惊奇。

——狄更斯《艰难时世》[①]

---

① 译文引自全增嘏、胡文淑译本（上海译文出版社，1985）的第56页。

> 私有企业经营思想的力量，在于它极端的单一化……［它］同现代完全用数量表示而抹杀质量差异的趋势也是完全吻合的；因为私营企业并不去关心生产什么，而只关心从生产中捞取什么。
>
> ——E. F. 舒马赫《小的是美好的》①

102 姜米亚盯着桌子上的试卷。

它只是练习试卷。老师们把这叫作“真实操练”，他们想就学生们在“得克萨斯知识和技能测验”中表现如何摸底。

但是姜米亚这个麦克阿瑟高级中学的高一学生并不打算取悦她的老师，她没去做题，而是在答题卡上写了一篇文章，质疑标准化考试和用考试成绩评判小孩、评估学校的做法。

“我写的是，标准化考试对学校和孩子们并无帮助，只有伤害，”姜米亚说，从外表和谈吐看她都不像一个14岁的孩子，“我完全反对它，真的无法参与其中。”

① 译文引自虞鸿钧、郑关林译本（商务印书馆，1984）的第178页。

“这些考试测的不是同学们真正需要知道的事，它们测的只是一些容易测的东西，”她说，“我们应该学的是概念和技能，而不只是死记硬背。同学们不愿意，老师们也费心费力。”[1]

当2001年颁布的《有教无类法案》（No Child Left Behind Act）中关于教学和测试的要求最终被落实到教室时，遭到了学生们的奋起抵制，姜米亚的勇敢举动只是其中一个小小例子。马萨诸塞州丹弗斯高中的58名学生为了反抗必须参加的“马萨诸塞综合测试”联名请愿，那些最后拒绝参加考试的学生被停课。他们得到了州内其他高中学生和家长的声援。这些可以称为“个例的拒绝”的事件在美国各地出现：密歇根州 103
的大量学生选择不参加“密歇根教育评估测试”，威斯康星的高中“结业考试”（通过该考试是毕业的必要条件）因大量学生和家长的反对而取消。在一个案例中，被要求组织模拟考试的老师因为反对这一安排而拒绝领取教学业绩奖金。对低年级小学生考试的抗议由家长代表学生组织。家长虽然理解对孩子的早期学校教育要确保他们学会识字和算数，但是反对教室中“训练并扼杀”（drill and kill）的氛围，孩子们也不喜欢。

很大一部分抗议是由学生们反对“应试教学”引发的，这种训练把教室中本来就不容忽视的日常无聊提到了新的高度。准备考试的工作对于学生和教师来讲都极具异化性，它占用的大量时间本可以被用来学别的事——艺术、戏剧、历史、运动、外国语言、创意写作、陶艺、田野调查。赋予教育以活力的其他目标，包括合作学习、跨文化课程、多元智能开发、科学探索和问题导向的学习，都会因此丧失。

学校有被转化为生产“单一产品”的工厂的危险，其产品是能够通过标准化考试的学生，他们只拥有很狭隘的智能和应试技能。这里，我们可以回顾之前的一个论点，即作为现代机构的学校是与早期纺织工厂同时发明的。它们都把劳动者集中在同一个屋檐下，都通过时
104 间表和任务细分的设计实现监控和评估，都意图创造可靠的、标准化的产品。当代制度强调州级或者国家级的标准化考试，其基础是通过量化实现的总体管理模式；有了在教师之间、学校之间、学生之间进行比较的指标，就能够依据这套指标按学生的不同表现给予不同的奖赏。

这些测试的有效性——它们能否真正测出它们计划测试的能力——是一个广受质疑的问题。学生通过接受反复操练和填鸭式学习就能提高考试成绩，这令人质疑此类考试是否真的能衡量知识与技能。事实显示，这些测试常常低估了女性、非裔美国人和第一语言不是英语的学生的能力。尤为重要的是，代价高昂、应试取向的教育可能使数百万年轻人一辈子都对学校教育持有抵触情绪。

有可能支持标准化考试、将其视为管理工具和生产力的比较标准的那些人，也是距离教室里的教学第一线最远的人：学校的校长、市政府和州政府的教育官员、州议员、国家教育部门的政策制度官员。标准化考试给了他们一个可以说明相对生产力的指标（不论它有多不准确），以及一套推行他们的教育规划的强大系统。最为奇特的情况是，当美国向教育系统的同质化努力时，世界上其他多数国家正在向相反的方向发展。例如，芬兰没有学校外部的考试体系，也不给学生或者学校排名，但是芬兰在所有国际教育成就评估中都得到了尤其高的评价。很多高质量的学院和大学不再要求甚至不再鼓励学生参与国家推行的学术能力评估测试（从

105 前叫学术才能测试)。历史上有很多国家都依靠一场由政府组织的考试来分配珍贵的大学入学名额，但它们现在正急匆匆地寻求取消或者淡化考试，以此鼓励“创造力”。它们常常认为自己是在模仿美国的教育体系!

很多教育从业者在知道他们自己和学校的命运将取决于学生每年的考试分数之后，不仅会无情地训练他们的学生，而且会为确保考试成功而尝试各种方式。舞弊行为在全美国屡见不鲜。最近的一桩案件发生在佐治亚州的亚特兰大，56 所接受调查的学校中有 44 所被曝曾系统性地伪造学生成绩，把错误答案改成正确答案以提高分数。[1]当地的总督学因为在提高学生成绩方面的杰出工作，被授予了 2009 年年度国家督学的荣誉，但她被证实给教师们定下以三年为期的教学目标，称他们如果不达标就会被解雇，在教师中造成了极度的恐慌。超过 180 位教师被牵涉进了这桩修改分数的案件。安然公司中的“屋子里最聪明的人”① 总是能找到办法搞定季度任务并且拿到自己的奖金，亚特兰大的教育从业者也找

---

① 《安然：屋子里最聪明的人》(*Enron*：*The Smartest Guys in the Room*) 是一本书和一部同名纪录片，揭露了 2001 年美国能源、商品、服务巨头安然公司破产的一些内幕。

到了达成总督学定下的目标的方法。然而，这方法并不是寻常的方法，它造成的损失不如安然公司的那么大，但总体危害同样是深远的。两件事中“上有政策，下有对策”的逻辑基本是一样的。

碎片二十三　如果……？一个假想的审计社会

可否邀请你同我一道假想一段未来的故事？时间来到 2020 年，耶鲁大学校长理查德·莱文（Richard Levin）刚刚退休，结束了一段漫长而辉煌的教学生涯，
并且宣称“2020 年是完美视觉年”。学校的每一栋楼都 106
被重修，闪闪发光，学生们比 2010 年时更加老成、团结、有才华，已经合并的《美国新闻与世界报道》（*US News & World Report*）和《消费者报告》（*Consumer Reports*）同时把耶鲁大学列为全部指标排名第一的大学——那里有最好的酒店、最好的豪华轿车、最好的割草机。呃……似乎并不是所有的指标。在所有最最重要的学校排名中，耶鲁大学师资质量的位次都下降了。甚至耶鲁大学的竞争对手对这一指标的下跌都连连摇头。

从“耶鲁董事会”表面平静的通告中，有些人透过字里行间感受到了一阵缓缓积聚而又方寸未乱的慌张。

这种慌张的一个信号是莱文的继任校长康多莉扎·赖斯（Condoleezza Rice）的当选，她就是那位前任美国国务卿，[①] 不久前还领导福特基金会进行了一场不无成效、商业性质的效率精简改革。是的，她是第一位领导耶鲁大学的有色人种女性。是的，之前已有四所常青藤盟校有过有色人种女性的校长。这是情理之中的事，因为耶鲁大学总是遵循新英格兰农民的一项传统：“从不做第一个尝试新事物的人，但也不做最后一个。”

话说回来，赖斯能够当选校长并不是因为她身份的象征性意义；选择她其实就是选择了她代表的承诺：用最先进的质量管理技术彻底重建学校的教师队伍。这些质量管理技术是这样一步一步走向完善的：在19世纪末的巴黎的大学校（Grandes Écoles）出现粗糙的雏形；在罗伯特·麦克纳马拉（Robert McNamara）对福特的改革中有所体现，之后又在20世纪60年代他在美国国防部的工作中被再度应用；20世纪80年代，玛格丽

① 赖斯是2005～2009年的美国国务卿。本书写于2010年。

特·撒切尔在英国社会政策和高等教育的管理改革中也
用到了它们；工业管理中，对个人和单位生产力的量化 107
测量的发展使它们得到优化；世界银行进一步发展了它们；最终，它们在高等教育领域至臻完美，这得益于十大联盟（Big Ten）① 以及（姗姗来迟的）常青藤盟校对它们的接纳和发扬。

我们从耶鲁董事会的成员提供的机密信息得知了赖斯博士是如何在面试中俘获他们的。她表示十分敬仰耶鲁大学对（政治上的）封建主义和（财务管理上的）资本主义的明智综合。而针对这一体制，可完美适用她所设计的改革方案，就像耶鲁大学在教师管理上引以为豪的悠久传统“有参与的独裁”（participatory autocracy）一样。

但真正让董事会确信赖斯就是他们要找的人的，是她为实现教师质量的大幅提升——或者更确切地说，为提升教师质量的全国排名——而设计的综合规划。

赖斯斥耶鲁一项由来已久的做法为陋习，即教师得

① 指俄亥俄州立大学等十所美国东北部的高等学府。

到雇用、晋升，最终享有终身教职的这一套用人方式。她认为该做法是主观、过时、不系统、任性的。这些陋习大多被教师队伍中那些极具嫉妒心的暮年学术卫道士（多是白人男性）守卫着，他们的平均年龄在 80 岁左右。赖斯主张，对耶鲁大学的竞争力丧失，他们难辞其咎。一方面，他们创造了一群疲于奔命、缺乏自信的青年教师，无从摸清系所里资深教师的偏好和成见，对成功和晋升标准为何毫无头绪；另一方面，他们也造就了一批志得意满、效率低下的老人寡头，后者毫不关心学术机构的长远利益。

108 据我们的消息人士透露，赖斯的计划简单得出人意料。她提议借鉴其他领域中的质量评估科学手段，将其首次以真正全面、透明的方式运用到学术领域。计划的关键在于几套引用数据：艺术与人文科学引文索引（A&HCI）、社会科学引文索引（SSCI），以及科学引文索引（SCI），其中最后一套是三套数据中最具分量的。这些统计每份学术作品被同领域其他作品引用次数的数据，已经作为参考材料参与了职称评议。不过，在赖斯校长的构想中，这种客观评价指标应该得到更加系统、全面的推广。她强调：引用数据和用机器统计选票一样没有偏好；它们中没有掺杂有意识或者无意识的偏见；它们只表示判断学术品质的客观度量。所以，它们应该成为授予职称晋升和终身教职的唯一指标。如果她成功获得了解除终身教职的权力，那么学校也可以依据引用数据自动解除一些人的终身教职，懒惰、愚钝使他们无法达到年度引用数水平（annual citiation norms，可以把这个年度绩效标准缩写为 ACN）。

为了顺应新自由主义注重的透明性、全体适应性和客观性，赖斯校长倡议将罗伯特·欧文在新拉纳克的工厂规划①以现代化、高科技的新形式运用于学术体系。所有的教职员工必须头戴一顶高科技的毛线帽。一旦帽子（带有耶鲁特色的蓝白相间的纹样）设计完成并且可以在人性化的、非血汗工厂的且不用童工的生产条件下制作出来，所有教师就都必须在校园里戴上它。在毛线帽的正面，也就是额头的位置，有一块电子屏幕实时显

---

① 罗伯特·欧文是著名的英国空想社会主义者。1799 年，他买下新拉纳克村（New Lanark）的土地，计划在此用他的社会主义思想建设一个新的纺织工业社区。欧文在管理工人和生产时，采用了一种直接而直观的手段：工厂公告板上，工人的名字伴随着黑、蓝、黄、白四种颜色，分别代表“不好”“及格”“良”“优”四档。这种评价体系可以让工人互相监督、相互促进。

示这位学者的被引用总数，和出租车的计价器有几分相
109 似。一个完全自动的引用数记录中心负责登记新的引用，这些数字将通过卫星信号发给每顶帽子，在电子屏上自动显示出来。想象一下时代广场显示屏上面实时显示的世界人口统计数据，我们需要的就是微缩版的同款显示屏。让我们把它叫作“电子认证引用总数公示”（Public Record of Digitally Underwritten Citation Totals），这样它就有了一个朗朗上口的缩写“PRODUCT”。赖斯畅想了这样一番景象：学生们专注地听一位睿智、有名望的教授讲课，同时在他脑门前的显示屏上，数字在众目睽睽之下噌噌上涨，同学们都惊呆了。同时，在隔壁教室的讲台上，另一位窘迫的教授的头顶上没有显示数字，同学们见状都忧虑地陷入了思索。这些教授的引用总数相比耶鲁的对手学校真的有竞争力吗？自己上完这些教授的课，最后得到的成绩单能不能帮自己成功申请研究生项目或者专业院校？自己师从的是最好、最聪明的学者吗？

学生们在选课时不再需要依赖同学间的道听途说或者充满偏见的课程评价。授课教师的“质量分数”就在那里，是直观的判断依据。年轻的教师不再需要忌惮老资历同事的喜怒无常。一个单一、不容置辩的业绩标

准（就同棒球运动员的击球率一样）提供了一种质量尺度和一个再清晰不过的奋斗目标。对赖斯校长来讲，这一体系解决了一些常年落后的院系的改革问题：它们是学科死水潭，是苟且偷生者，是死守着一点可怜经费的钉子户。也就是说，要将这样一套公开、透明、客观、有据可查的职业地位标准运用到职级晋升和教师聘任的决策中。

想想看，这是多么清晰的标准！一个由（依照新标准确定的）杰出教师组成的蓝丝带评审团只用确定几条引用数标准线就行了：续签聘任合同有一条线，评 110
选副教授有一条线，评终身教职有一条线，评估终身教职员工表现还有一条线。这些标准定好以后，教师的人事事务就可以依靠完善的电子帽科技自动推进。想象这样一个场景：广受引用、引领潮流的政治学教授哈维·“写得多”正在给一屋子学生讲课，突然，遥远的亚利桑那州有一位不知名的学者在期刊《不明觉厉的近期研究》上发表一篇文章，引用了“写得多”老师的成果，而且“写得多”老师正好就差一次引用就能达到最高级的教职标准。只见他的电子屏立即闪起了蓝白相间的光以报告这个好消息，并且奏响了《布拉布拉》[1]。学生们意识到事情的原委之后，纷纷起立鼓掌，祝贺教授晋升。“写得多”老师谦逊地鞠躬，被这一阵骚动搞得既高兴又害羞，然后继续讲他的课——不同的是，现在他是终身教授了。在赖斯校长位于伍德布里奇楼的办公室里，桌子上的控制台通知她“写得多”已经靠自己的优秀品质“达成了”进入那座魔法殿堂的条件。于是赖斯校长向“写得多”发送了一条祝贺短信，通过他的电子帽以文字和语音的形式播放出来。随后，一顶新的、与众不同的“终身教授帽”连同证书被寄到“写得多”的手上。

董事会的成员立即意识到这套自动系统可以节省多少时间、免去多少争议，以及将怎样助力耶鲁大学重新杀回师资力量指标方面的排名之争。于是董事会当机立断，决定改良、完善这套制度。一个人建议为这个系统引入一种引用数随时间流逝而贬值的算法——引用数每过一年便减少 1/8 的权重，引用在八年后即为无效。他

---

① 《布拉布拉》（*Boola-Boola*）是耶鲁大学特色鲜明的橄榄球赛歌曲。

称这样做有利于与时俱进，跟上学科发展的步伐。为了折中，另一位董事会成员建议说，应该设置引用数衰减的下限，保证声望的稳定性，即使是从前获得了终身教职的某些教员，也需要这种稳定性。她描绘了这样一幅画面：一个驼背的老教授头顶着一天比一天不济的引用数，研讨会上，学者们眼见着他的引用数衰减到了十分
凄惨的水平。这该是多么令人唏嘘的伤心景象啊！另一 111
个人提议在这种情况下，电子帽应该设置为不显示任何数字，不过可以想象教授将如何从学生们闪躲的眼神中看到自己的命运。

以上是我就学术界生产力的量化开的玩笑。不论它有多么痛快，都请不要忽略其背后更广泛的意义。我想说的是，以才能为准绳来选拔精英并分配公共经费的民主政体，尤其是美国这样面积广阔的民主国家，在衡量质量时使用的标准常常是客观而机械的。不论质量衡量标准的具体形式为何［社会科学引文索引、学术才能测试（后改名为学术能力评估测试，最近又更名为学术思维能力测试）[①]、成本－收益评估］，它们都遵循同

① 即通常所说的 SAT 考试。

一种逻辑。为什么呢？要而言之，对于个人和家庭来说，没有什么比通过教育和就业改变人生更重大的社会抉择了；对于社区和地方来说，没有什么比获取公共经费，然后开发公共建设项目更重大的社会抉择了。前述各衡量标准的吸引力在于，它们都将质的衡量转化为量的衡量，从而通过一套貌似单一、客观的尺度实现了案例之间的比较。它们在最高意义上是一种宽领域、具有欺骗性的“消除政治的机器”，用来把政治合理性方面的疑问转化为专家操作下中立、客观的管理规程。这种去政治化的把戏掩盖了一点：对政治中的互助与试错之可行性的信念在深层心理中已经缺失，而这一信念是无政府主义者和民主主义者都深深珍视的。在到达“政治”的主题之前，这种量化通约的技术还另有两个可能非常重要的反对立场。

碎片二十四　缺乏效力，并且最终导致腐化

112 这类量化测量的首要且最明显的问题是它们常常不够准确。也就是说，它们很少能够准确地测出我们关注的质量。

科学引文索引由尤金·加菲尔德（Eugene Garfield）创立于1963年，是所有引文索引系统的鼻祖。它通过观测已发表的特定研究文献被其他科学家引用的频率，来测量文献的科学影响力，并被推而广之用来测量特定学者、实验室的影响力。作为衡量影响力的办法，引用数当然比其他一些东西，包括非正式的名声、研究经费、嵌在现有机构中的默会的等级体系，当然还有单纯的学者文献产量更可靠。毕竟，所有公开的科学文献中有超过一半一经发表就被湮没。有些论文从未被引用，一次都没有！80%的文献只被引用过一次。科学引文索引似乎为学者对后续研究的影响提供了一个中立、准确、透明、客观、价值无涉的测量标准。这是美德的伟大胜利！它确实是；至少相较于它最初意欲取代的特权和地位体系而言，科学引文索引是一套了不起的标准。

刚创立时，科学引文索引非常成功，这至少部分归因于强力的推广普及措施。我们不要忘了，它是一桩追求收益的生意！它很快被广泛应用：终身教职评审、刊物级别评审、学者和学术机构排名、技术分析和政府调研。不久后，社会科学引文索引也来了，那么艺术和人文科学引文索引还会远吗？

科学引文索引衡量的究竟是什么？首先需要注意的是，它如机器一般缺乏头脑，并且在资料收集过程中显
113 得过度抽象。自我引述可以算引用，这使得本来就孤芳自赏的学术界更加自恋了。负面引证也算引用。“甲先生的文章是我看过的最烂的研究”，这也能算。给甲先生加一分！正如梅·韦斯特（Mae West）所说：“从没有不受欢迎的曝光，但要记得把我的名字写对！”书里的引用不像论文中的引用那样被认真检查。一个更严肃的问题是，如果一部作品被引用数次，而引用它的那些文献全部无人问津（这是常事），这要如何看待？此事涉及一种狭隘的地域主义。引文索引大体上是一个英语的把戏，从而是一场英美主导的游戏。加菲尔德曾声称，法国科学界的狭隘地域主义正体现在它不接受英语作为科学的语言。在社会科学领域，令人不可思议却又千真万确的情况是，你的作品通过翻译被卖给了百十万名中国、巴西、印度尼西亚的学者，但这不会给你的SSCI加一分，除非他们在一本英文刊物或者被这个神奇的圈子认可的少数外文刊物中表达了他们的感谢。

我们同样要注意，引文索引作为一套数据统计，必

然偏向交流最为频繁、最活跃的专业，或者套用库恩的术语，它偏向“常规科学”。最后一个值得注意之处是“实现主观的客观化”的 SSCI 数据其实也在极大程度上被局限于当下。要是当前的探究思路再过三年就被证明是一条死路呢？当前的研究掀起的影响力波浪以及它在文献检索中产生的数据，足以让幸运的研究者赢得学术界中的种种好处，哪怕他的研究终将失败。没有必要再赘述 SSCI 的缺点了。列举这些缺点无非为了显示这种系统的测量结果和它们意图测量的品质之间存在着难以弥合的鸿沟。令人遗憾的现实是，许多这类缺陷可以
通过改革或细化相关数据的生成机制来修正。不过在实 114
践中，设计上更抽象、运算上更简单的测量方式往往因为使用方便、成本低廉而受到青睐。可是，在看似客观的引用数统计之下，暗藏着一套被夹带进该审计体系的“统计惯例”，它具有深层次的政治意义和现实后果。

我开的关于 SSCI 的玩笑也许荒诞不经，不过我论证的观点适用于任何生搬硬套的量化标准。就拿耶鲁大学的“两本书”准则来说，它是耶鲁一些院系在决定是否授予教职时的常用标准。多少学者的单篇文章或者单本著作产生的学术能量，比那些数量上更“多产”的学

者的所有作品加起来都还要大呀！那个叫作“卷尺”的测量工具能告诉我们一幅维米尔的室内场景画和一坨牛粪都有 20 英寸宽；不过，相似性也就到此为止了。

量化标准的第二个致命缺陷是，即使在刚被设计出来时它是有效的，其存在本身也会引发一系列损害其有效性的事件。我们可以称这一过程为“标准对行为的殖民”，它导致最初的有效性被消解了。我听说存在一些“引用圈”，圈中人约定要经常性地引用圈内其他人的作品，以便互相拉高引用数！这种赤裸裸的不轨行为是一种更重要的普遍现象的最恶劣形式。既然人人都意识到引用数据可以成就或者毁灭一段学术生涯，它对人们的学术行为就产生了难以忽视的影响。例如，主流方法论和盛行学科分支对学者的普遍吸引力、期刊的挑选、学科著名人物的程式性列举，这些都是由增加引用数方面的动机引发的现象。我们不能将其简单地视为马
115 基雅维利主义或为达目的不择手段的行为；我意在指出一种持续性的“为了引用数精打细算”的边际压力。这一现象的长期后果是一种（达尔文主义意义上的）自然选择式的压力，只有达到或者超过引用数标准的人才能生存。

引文索引不仅是一种观测数据，还是一种真实存在的力量，能够反过来让人服从于它。社会理论家曾深受这种殖民的震撼，他们曾尝试以古德哈特定律（Goodhart's law）来赋予这一现象一个定律性的表述："一旦一种测量标准成了目的，它便不再是一种好的测量标准。"[2]马修·莱特（Matthew Light）解释道："一个权威规定了某种量化准则来测量特定的成绩；那些以达标为己任的人确实做到了，但用的并不是该准则期望的途径。"

一个历史案例可以说明我想表达的意思。法国专制主义君主的官员决定根据王国臣民的房子大小来征税。他们采用了一个巧妙的方法——查住宅的门窗数量。这一办法最开始实施的时候，窗户和门的数量可以完美代表房子的大小。不过，在接下来的两个世纪中，所谓的"门窗税"促使人们改建或者重建房屋，通过减少房屋开口的数量来避税。想象一下，世世代代的法国人在他们通风不良的"避税小屋"里面困难地呼吸。最初有效的测量标准后来却失去了效力。

不过，这种政策不只和门窗有关，也不只存在于革命时代的法国。方式类似的测验与质量控制已经盛行于世界各地的教育体系。在美国，SAT 考试成为负责分配

116 高等教育机会的一套量化标准。在其他很多国家也是一样：想要接受改变人生的高等教育，就必须先通过一场地狱般的考试。

我们单就教育而论：如果说中学教育是一条狗，SAT 考试是狗的尾巴，那么实际的状况并非狗摇尾巴，而是狗被尾巴给摇了。不仅如此，这尾巴还重塑了狗的品种、口味、生活环境，以及所有那些照管和喂养这条狗的人。这是“标准对行为的殖民”最令人震撼的一个例子。一套强力的量化观测创造了海森堡原理①在社会领域的对等物，对令人满意的量化结果的争夺完全改变了被观测的领域。西奥多·波特（Theodore Porter）提醒我们：“这是量化技术的强项，即按它们自己的样子重塑那个它们本想描述的世界。”[3]把这句漂亮话说得朴实一点，就是 SAT 考试按它自己那副单调的样子让教育变得面目全非，以至于它所观测的基本上是它自己对教育领域的改造成果。

所以，靠标准化考试来测量智力质量的需求，以及

---

① 即量子物理中的测不准原理。该原理提出测量手段会影响被测量物的状态。

用这些考试来给学生、教师和学校分配奖励的做法，产生了广泛的殖民效应。据称考试是无法通过策略来提高成绩的，但是填鸭式教学和提高应试技巧的培训形成了名副其实拥有数千万美元规模的产业和市场。斯坦利·凯普兰（Stanley Kaplan）的考试培训帝国提供的课程和教材建立在一个观念前提之上：人们可以通过训练来通过相应的考试，进入高等教育院校、法律学院、医学院等。如此一来，强大的测验标准倒转并且殖民了生活世界中的教育；测量数据逾越了单纯的评估者角色，取代了它评估的那种质量。由此产生了某种军备竞赛：模拟考试的出题人努力想战胜真实考试的命题人。而当一位常青藤盟校的成功申请者的“简历”流出后，“下有对策”的做法就可能升级。富有的家庭雇用教育顾问 117
来指导他们的孩子，参考来自藤校的简历，从而确定什么课外活动是最受欢迎的，哪些志愿者工作又是最有利于申请的。用来判别质量的本意良好的举措成了家长帮孩子“摆好位置”的策略。面对这些被测量标准腐化的教育行为，我们几乎不可能评估它们的意义和真实效用。

采用量化的、客观的、非人格化的绩效测量方式的欲求，显然也是“神童”罗伯特·麦克纳马拉从福特汽车公司引进五角大楼的管理方式的题中之义，这套管理方式随后被用在了越南战争中。在一场没有划定清晰战线的战争中，要如何衡量战事的进展状况？麦克纳马拉对威斯特摩兰将军（General Westmoreland）说：“将军，给我一些能看出我们在越南是赢还是输的数据。”结果将军提供的数据至少有两组。其中一组是最为臭名昭著的消耗数据，里面表示敌军士兵死亡数的“尸体统计数字”在不断增长。美军将士承受着展示进展的巨大压力，同时他们知道这些数字影响着关于晋升、记功、修整与娱乐机会的决定，因此，负责统计和核算尸体数字的人力图增大这一数字。平民伤亡和军人伤亡之间存在的疑问被忽视，所有的尸体在实际操作中都成了敌方军事人员的尸体。很快，敌军死亡人数超过了越共和北越军力的总数。但在战场上，敌人没有一点败退的迹象。

第二组数据是“攻心行动”（Win Hearts and Minds，WHAM）用来测量越南民间对美军认同度的数据。村落评估体系（Hamlet Evaluation System）是其中的核心参考项：南越的所有 12000 个村落都按照“平定”“争夺中”“敌对”三个等级分类。在这个问题上，展示进

展的压力依然是严峻的。下面的人找到了对策：伪造数 118
据、在纸面上成立村民自卫队（足以让叶卡捷琳娜女皇的大臣格里高利·波将金自愧弗如的做法[①]）、在数据上忽略村庄起义，以此保证相应数据在不断向好。直接伪造数据的情况尽管并不少见，但是更常见的趋势是为获得有利评估结果和军衔晋升而摆平数据疑问。表面上看，越南的农村渐渐被平定了。

麦克纳马拉创造的这个可恶的数据审计体系不仅产生了一种“取得可见进展”的幻象，一场“指挥官的表演”，还阻碍了战事之中真正可能体现进展的更宽频的数据的上达。也许可以用一位真正的科学家的话来警醒他们。爱因斯坦曾说：“不是所有算得上数的东西都能计算，也不是所有能计算的东西都算数。”

最后，这一现象的一个更晚近的例子——对很多美国投资者来说它是刻骨铭心的记忆——来自安然公司的破产案。20 世纪 60 年代，一个困扰着各大商学院的难

① 波将金公爵（1739～1791）是俄罗斯女沙皇叶卡捷琳娜的得力大臣和情人，他为俄罗斯夺得了包括克里米亚在内的黑海北岸的大量土地。他在主持该地区的开发时，曾经建造大量的空壳村落以应付女皇视察。

题是如何“规训”集团经理人，保证他们不会为了一己私利损害公司所有人（即股东）的利益。他们设计的解决方案是将高管薪酬同公司表现挂钩，而公司表现的衡量标准是股东价值（即股价）。高管们以股票期权的形式收到的回报取决于股价（通常是季度平均水平），所以他们很快开始同会计和审计人员合作，共同谋划如何让每季度的股价达标，从而赢得奖金。为了使
119 公司股价上升，他们夸大收入数字并隐瞒损失，以此诱骗投资者抬高股票价格。所以说，将作为报酬付给劳动者和专业工作者的工资大比例替换为股票期权的管理规划，其本意虽然是让管理者的表现完全透明化，但适得其反地造成了更多的欺诈。在 2008 年世界金融崩溃的期间，将房屋债权捆绑形成复杂金融工具的做法中也存在一种类似的“对策逻辑”。债券评级机构除了同债权发行方交易之外，也出于透明性的考量让投资公司获知了自己的评级公式。知道了评级流程，或者干脆雇来一位评级师，就可以依据评级公式反向为风险极高的金融产品争取最高评级（AAA 级）。计量方式的有效性又一次变得名存实亡。

碎片二十五　民主制、价值和政治的终点

我认为把质量化测量的宏大诉求有两个源头：第一，提倡机会平等且反对特权、财富、头衔世袭的民主主义信仰；第二，相信价值可以被科学地测量的现代主义信念。

现代主义者认为，将科学定律和量化测量应用于多数社会问题有助于澄清事实，消弭一些无谓的争议。这种看待世界的透镜拥有一项深深内化于其本身的政治议程。他们相信，世上存在着不需要阐释（用数字表示）
的事实，依靠这些事实就可以削弱叙述、情绪、偏见、 120
习惯、夸张和情感在公共生活中常有的破坏性作用，热情和兴趣将被中立的技术性判断取代。这些科学现代主义者决意把主体性的困扰和党派政治减到最少，达成洛琳·达斯顿（Lorraine Daston）所谓的那种“无视角的客观性”，获得不来自任何特定立场的视野。[4]与这种视野最为契合的政治秩序是由一批在技术领域接受教育的精英推行的无功利、非个性的统治，它以科学知识管控人的事务。这一理想被视为一种新的“教化计划”。相

关的改革者，还有20世纪早期的美国人类大脑改造论者都相信，客观的科学知识将使“物的管理”在很大程度上取代政治。他们的信条是效率、技术训练、从技术和规划中寻求解决方案，这向人们展现了一个由理性的、经过训练的专业管理精英指导的世界。

贤能政治（meritocracy）的理念是民主和科学现代主义的天生伴侣。[5]统治阶级不再产生于偶然的贵族出身、财富继承或者任何其他形式的地位传承。统治者要通过选举获得合法性，选举检验的是他们的技巧、智力和展现出来的学识。（说到这里我停下想了想身居权位可能需要的其他品质，比如同情心、智慧、勇气或广博的见识，刚才我并没有论述这些品质。）以当今的标准看，大部分受教育的公众认为智力是一种可以测量的品质。另外，多数人认为高智力的分布即便不是随机的，也比高水平的财富和地位的分布广得多。把地位和人生机遇的分配建立在可以测量的才能的基础上，这种理念
121 的出现带来了一阵民主的清风。民主选举向人们许诺了一幅整体的社会图景，再往前一个多世纪，拿破仑主张的“职位和前程向有才之人开放”的贤能政治也对有专业才能的新中产阶级许下了同样的诺言。

量化的才能政治观念还在另一个层面上具有民主的意义：这些观念严重削减了从前职业群体享有的那种自主决定权。历史上，每个行业都由同业公会运作，公会成员厘定自身的行业标准，精心守护他们的行业秘密，并且绝不容忍任何外界意见凌驾于他们的判断之上。从前人们雇用律师、医生、特许会计师、工程师和教授，都是为了听取他们的专业判断；这些判断是怎么得出的就不足为外人道了。

碎片二十六　为政治辩护

一场工人革命运动发生错误，远比任何党派的永不犯错更具意义、更有价值。

——罗莎·卢森堡

过度依赖才能的量化和用来评估质量的“客观”数字审计体系的真正害处，源于那些重要的问题从富有活力的民主争论会议桌上被拿走，交到看似中立的专家手中。左右千百万公民生活机会的重大决定以上述欺骗性方式完成了去政治化，把本应属于公共领域的决定权

剥夺了。如果说无政府主义思想家和反对政治煽动的平民主义者有一点共同信念的话，那就是他们都相信民主
122 制度中的公民集体有能力通过参与公共领域的事务学习、成长。正如我们可以问一套特定的办公室或工厂工作规程会塑造什么样的人，我们也可以问一套政治规程将如何拓展公民的知识和能力。在这一层面，只要是信奉没有等级制度的互助关系，且坚信寻常公民能通过参与实现学习的无政府主义者，就定然会批评前述的绕过公共讨论的做法。在 SSCI、SAT 和如今随处可见的成本－收益分析中，我们可以看到这种反政治的机器是如何运行的。

SSCI 的反政治性在于它用一套伪科学的计算代替关于质量的有益商讨。一门学科的真正政治（任何形式的有价值的政治）正是探讨价值和知识之标准的争论。我想象了一下那种争论的一些典型特质。其中是否存在利益和权力关系？当然，它们处处存在。不过，没有什么可以替代这种必然关乎质量、永远下不了定论的探讨。它是一个学科特有的血液，是在论坛中、圆桌上、辩论中，以及课程选择、教师雇用、职称晋升的决定中展开的。任何想要削弱上述讨论的做法，例如采用

严格的量化标准、细化项目评分、把学科切分为表面上自足的次级学科，到头来都只是将一套刻意的教条或者利益分割方式固化为制度。

在过去的半个世纪中，SAT 测试系统为数百万学生打开或者关闭了人生的道路。它推动了一种精英阶层的形成。这个精英群体对帮助他们脱颖而出的测验系统青睐有加，很少人觉得这有什么不妥。它足够开放，足够透明，足够公平，让精英和非精英都把它视为一种合理的争取攀升机会的全国性竞争制度。虽然在社会统计 123
中，SAT 分数和政治经济地位的相关性显示，社会机遇的大门并不是完全敞开的，但是考试比财富和出身更能够让成功者认为获得的胜利是对自己真才实学的报答。SAT 考试在结果上选出了一个形成过程比历史上的精英团体更公平的阶层，于是这些当代精英拥有了更强的合法性，处于更有利的位置来维护并强化那套证明了其优秀品质的制度。

与此同时，我们的政治生活日趋贫乏。SAT 考试的盛行让很多白人中产阶级认识到，如果不认可客观度量的才能，就只剩比拼裙带关系，没有其他道路可走了。我们不再能通过公共对话探讨受教育的机会应该如何在一个民主、互助的社会中分配。我们不再能通过公共对话商议我们的精英应该有怎样的品质，以及我们的学校应该如何育人，因为学校的课程只是在应对 SAT 的狭隘视野。

来自另一领域——公共政策——的一个例子可以显示，尚不成熟、有待争论的设想是如何被偷偷引入多数审计和量化数据的结构中的。成本－收益分析的广泛运用是一个鲜明的例子。它由毕业于法国国立路桥学校（École des Ponts et Chausées）的工程师开创，现在已经被应用于开发单位、规划机构、美国陆军工程兵部队（United States Army Corps of Engineers），以及几乎所有世界银行项目。成本－收益分析是用于计算任何工程项目（修路、架桥、筑坝、修建港口）的回报率的一套评估技术。这要求所有的成本和收益都被折算成金钱，以便对这些因素适用同一种尺度。所以有一些成本，如一种鱼的绝迹、一片优美风景的破坏、工作岗位的减
124 少、洁净空气的消失，如果要把它们纳入计算，就必须以金钱单位计量，而这需要人们做一些异想天开的假设。在为景色的损失估价时，要用到一种名为“影子定价”的方法：调查当地居民愿意为保留美景多付多

少税费。把个人的回答加起来就算是风景的总价值了！如果渔夫售卖的一种鱼会因为修筑水坝而绝迹，那么总销售金额就成了一个鱼类物种的价值。如果一个物种没法拿到市场上卖，那么从成本评估的角度看，它就是毫无价值的。鱼鹰、水獭、秋沙鸭失去了生活来源，它们也许很沮丧，但可惜的是只有人类的损失才被纳入计算。不能换算成金钱的损失不会计入成本。比如说，一个印第安部落拒绝接受补偿金，因为大坝蓄水会淹没其祖先的墓地，而他们坚称这些墓地“是无价的”，这就拒绝了成本－收益分析的基本逻辑，使损失落在了分析的计算之外。

所有事物，一切成本和收益，都必须统一尺度，必须被折算为金钱，这样才能进入回报率的计算，日落的景色、鳟鱼、空气质量、工作、娱乐、水质，无不如此。或许成本－收益分析中最超凡脱俗的做法是测算“未来”的价值。问题来了：如何计算未来收益——例如逐渐改善的水质或者增加的工作岗位——的价值？按照成本－收益分析的通常法则，未来的收益必须折去相应年数的当下利率或者平均利率。从实践上说，未来五年之后的几乎所有收益在折去相应利率后，实际上都会少到可以忽略不计，除非其数额特别巨大。于是，关乎未来价值的重要政治决定可能仅仅作为一项“会计常规”，就偷偷进入了成本－收益的计算过程。成本－收益分析所服务的实际操作和这种分析造成的巨大损失往往没有被关联起来，因此即使成本－收益分析以最严格
125 的方式投入实操，也会导致公共决策的激烈去政治化。

西奥多·波特将这种审计体系在美国的广泛运用归因于“对官僚精英缺乏信任”，他认为美国“比其他完成工业化的民主政体更依赖规则来控制官方的决断”。[6] 该审计体系的目标是通过压制主观判断来实现完全的客观，这种主观判断同时宣示了技术统治的神化和人类因其遭受的报应。

每项技术都在尝试用一个透明、机械、直白且通常是量化的评估程序，取代属于专业精英的可疑的、表面上不民主的所作所为。每项技术都代表一种含义深刻的、贯穿上下的政治悖论，因为技术也是对下层政治压力的回应：喧哗的大众要求决定过程和由结果体现的分配做到直观、透明，从而在原则上可理解、可参与。虽然成本－收益分析是对公众政治压力的回应，但是（一个悖论在于）它的成功完全依赖于其自身以全然非

政治的面貌示人：客观公正、无偏无党，并且有明显的科学性。当然，在这种表现之下，成本 - 收益分析有着深刻的政治性。它的政治性深藏在统计技术之中，在于在刚开始时确定什么值得统计，在于如何计量统计对象，在于用什么标准来计量，在于“折算”的规则，在于如何将观测结果化约为金钱价值，在于怎样将金钱价值用于决策。为了避免被指控为偏见和偏好的纵容者，这类分析技术精明而成功地在操作和程序层面嵌入了一项政治议程，而这项可疑的政治议程又是不透明、不可为民众理解的（这是第二个悖论所在）。

一旦 SAT 和成本 - 收益分析的技术在政治上获得 126
成功，智能技术的日常应用就同血压、温度计读数、胆固醇水平和红细胞浓度一样，成了具体、客观、不容置疑的事实。这些读数完全是非人格化的，在涉及它们的解读时，“医生最懂”。

它们看似消除了决策中反复无常的人为因素。诚然，深藏高度政治性预设的技术程式被落实到位后，确实会限制官员，令他们避免率性而为。虽然这么说带有一些偏见，但官员满可以不无道理地声称“我只是那个按电钮的人”——按的是一台非政治的决策机器上的电钮。这些非政治的机器提供了重要伪装，它有助于解释为什么标准化、明确性和公平性比有效性更重要。即使SSCI并不能衡量一部学术作品的质量，即使SAT并不能真正测量智力或者预测大学学业的成功，它们也形成了一套公正、明确、公开的标准，一系列透明的规则和目标。如果这种技术工具获得成功，它们就应该如同变魔术一般，把关于资源、地位、上升机会、大型工程的盈利等的生死争夺，转化为技术性的、非政治的决定程序，主持这些程序的官员将拥有不容置疑的中立地位。决定依据是明了的、标准化的，所以也是人们预先知道的。技术消除了人为决策和政治，但在根基上它其实被人为选择和政治预设浸透了，不过此时这种选择和预设已经令人满意地没有被公众注意。

量化数字被广泛使用的现象并不局限于某些国家、
127 某些门类的公共政策，亦不局限于当代社会。当下以“审计社会”（audit society）的形式盛行起来的趋势，显然要归因于大型企业的兴起，因为股东们希望把握生产力和生产成果；同时也要归因于20世纪70年代和80年代以撒切尔和里根为代表的新自由主义政治的崛起。他们注重在公共行政管理上“精打细算”，从私人机构的管理学中借来了技术手段，想为学校、医院、警局、消防队等机构建立评分表和“排行榜”。这些举措更深层次的动机则是去民主化以及在公共管理决策方面拓展政治控制力的需要。在拥抱审计和量化方面，美国的表现在国际上可谓一骑绝尘。没有什么其他国家像近几十年来的美国那样，主动依靠量化和审计来落实教育政策、战争决策、公共工程，以及商业高管会的报酬分配。美利坚努力为自己塑造一种具有丰富个体多样性的国家形象，但它其实是世界上最标准化、受到最严密监控的国家之一。

所有这些行政管理技术的最大缺陷在于，它们以平等和民主之名，行“反政治机器”之实，将广泛存在的合理公共讨论从公共领域中清除，把管理权交到掌握技术的管理机构手中。它们压制了可能会兼容并包、卓有成效的争论，社会政策、技术智能的意义、精英的选拔、平等和多样性的价值、经济增长和发展之目的等议题原本都可以付诸这样的争论。要而言之，这些技术是掌握技术的管理精英用以说服挑剔的大众——并且把他们从决策中排除——的手段，为的是告诉大众他们没有徇私，没有暗箱操作，也没有偏见，只是在执行透明的

技术计算。这些计算如今是一种新自由主义政治秩序的
128 标志，在这种秩序中，新古典主义经济学的手段以科学
计算和客观性的名义取代了其他种类的理性思考。[7]如果你听到有人说“我在他/她身上下了重本”，那么不论他指的是社会或人力“资本”，还是人际关系的“机会成本”，你都能知道这意味着什么。

第六章　具体性与流变

历史是有学之士写就的，所以他们自然而 129
然地认为自己所属阶级的活动构成了一切人类运动的根基。

——列夫·托尔斯泰《战争与和平》

碎片二十七　善意与同情心的传达

发生在法国上卢瓦尔省的村镇利尼翁河畔勒尚邦（Le Chambon-sur-Lignon）的英雄事迹在每年反纳粹主义的纪念活动中都会被歌颂，该地在维希法国时期曾经设法收留、供养了5000多位难民并帮助他们逃到更安全的国家，难民中有很多犹太儿童。村民们静默的英勇成就了这不寻常的营救，很多书和电影花了大量笔墨来纪念这种精神。

这里我想强调这些行为的具体性（particularity），虽然这么做会消解基督教抵抗反犹主义的宏大叙事，但也可以拓展我们对人道主义行为的具体性的认识。

勒尚邦的村民是胡格诺派（Huguenot）教徒[①]，他们的两位牧师是社区里最有影响力、最受尊重的声音。
130 村民们作为胡格诺派教徒拥有自己的集体记忆，它与宗教迫害和逃亡有关，至少始于圣巴托洛缪大屠杀。[②] 早在纳粹占领法国之前，胡格诺派教徒就表达了对法西斯主义的受害者的同情，收容了从弗朗哥统治下的西班牙和墨索里尼统治下的意大利逃离的难民。他们自己的信仰和经历促使他们同情那些逃离极端主义国家的难民，尤其是作为有经人的犹太民族的惨痛遭遇。不过，他们在维希政府统治期间把这种关切付诸实践，发起相当危险的救助行动，这并不是简单的事。

---

① 胡格诺派是法国的新教教派。法国绝大多数的国民是天主教徒，在从宗教改革到法国大革命的几个世纪间，胡格诺派教徒曾多次被天主教徒迫害和驱逐。

② 在1572年8月24日圣巴托洛缪节的夜晚，巴黎发生了针对胡格诺派教徒的屠杀，超过2000名胡格诺派教徒遇难。

为了迎接犹太难民，两位胡格诺牧师尽力布置了隐秘的住所，并且从教区居民那里筹集了必要的食物。随着法国南部的自由区沦陷[①]，两位牧师遭到逮捕并被送往集中营。在这种危险的环境里，两位牧师的妻子接过了丈夫的工作，继续在社区内为犹太人筹备食宿。她们询问住在村庄或者农场里的邻居是否愿意在难民到来时提供帮助，但得到的回答常常并不乐观。村民的典型回应是表达他们对难民的同情，但同时表示不愿意收留难民，为他们提供食宿。村民常常指出，自己也有责任保护关系最近的家人，担心如果接纳了犹太人，就有被人告发给当地的盖世太保的危险，然后他们和家人都会遭殃。经权衡，在对至亲的责任和对犹太受害者更抽象的同情这两者间，亲情纽带分量更重。两位牧师的妻子对组建难民接收网络的工作绝望了。

不过，不管村子是否做好了准备，犹太人还是前来
寻求帮助了。接下来发生的事十分重要，对于理解社会 131

① 1940 年夏，法国在与纳粹德国交战六周后投降，并于 1940 年 7 月 22 日签署协定，把法国的北部和西部大西洋沿岸交由德国占领，而位于中部维希市的法国政府直接治理余下的西南部地区，这一地区被称为“自由区”。1942 年，自由区遭到了德国和意大利的入侵及占领。

行为（这个例子中的人道主义行为）的发生方式很有帮助。牧师的妻子现在面对的是活生生的犹太人，于是她们再度尝试寻求村民的帮助。例如，她们会领着一位犹太老人——他骨瘦如柴，在寒风中瑟瑟发抖——敲开一位曾经拒绝过她们的农民的家门。她们问："能否给我们这位朋友一顿饭、一件暖和的衣物，然后为他指一下去往下个村庄的路？"现在，站在这位农民面前的是有血有肉的难民，可能还眼巴巴地望着他，所以他或许会不忍心把难民从门前赶开。或者两位妻子会带着一个逃难的小家庭来到农场门口，问："您能否给这家人一块毯子和一碗热汤，让他们休息一两天？之后他们就会动身去瑞士了。"和真实的难民面对面，且难民的命运真切地取决于村民的帮助，在这种情形下很少有人会拒绝帮忙，即便此举的危险程度并没有改变。

一旦个体的村民做出了伸出援手的决定，他们在一段时间内就会全心帮助逃亡者。换言之，他们从各自不约而同的举动（也是他们实际的行为准则）中得出结论，认定了提供帮助是应做之事。他们并不是先宣示一条原则再照着做。他们的行动在先，然后再为行动找到一套逻辑。抽象的原则是实践的产物，而不是相反。

弗朗索瓦·罗沙（François Rochat）对应汉娜·阿伦特的“平庸之恶”的概念，把上述行为称为“平庸之善”。[1]或者，我们至少可以用同样准确的方式称之为“具体之善”（the particularity of goodness），或者借用《摩西五经》里的说法，称之为心跟随手的一个例子。

认同和同情的具体性在新闻、诗歌和慈善工作中都
是一条实用的准则。人们不会轻易对大而抽象的事物 132
（“失业者”“饥民”“受难者”“犹太人”）表达认同、敞开心扉或解囊相助。形象的刻画，加上引人入胜的细节和图片，如一个失去工作的女人只能住在自己的汽车里，一个在森林中逃难的家庭只能靠草根和块茎果腹，有了这些你才更可能认真地同情陌生人。全体受害者无法轻易地被具象为一位受害者，但是一位受害者常常可以代表整个受害者群体。

在一场最令我感动的大屠杀受难者纪念展中，上述原理得到了强烈的表达。它是明斯特（Münster，结束三十年战争的 1648 年《威斯特伐利亚和约》就是在这里签订的）市政厅中举行的展览。一条又一条街道，一处又一处地址，一个又一个名字，城市中每个犹太家庭（一共有 6000 多个）的命运都被呈现出来。家庭信

息的文字旁通常还附有：他们曾经居住的家宅的照片，很多房屋还完好无损，因为明斯特基本上躲过了盟军的轰炸；住址信息，有时写在一张名片或者一份邀请书上；家庭成员的单人照或合照，以及野餐、生日聚会或者全家福照片；最后还有一张卡片写着他们的命运——“在贝尔根-贝尔森集中营被杀”“经由法国逃往古巴”“流落至摩洛哥，后移民以色列”“逃往波兰罗兹（Lodz），下落不明”。还有很多个案是没有照片的，只有等待放置照片的一些虚线框。

抛开别的各种层面的意义不谈，这首先是一场关于明斯特城市公民的市政展览。市民们可以从这条街端详到那条街。这些犹太人曾经是他们、他们父母、他们祖父母的邻居。这些人的房子、他们的脸（照片往往是在欢乐的时刻拍下的）仿佛闪着让人难以忽视的光。这是最有力量的具体性、个体性，它的大量重复令人难忘——是的，我想说的正是，它们会久久盘
133 桓在你的记忆里。[2]与集体性地纪念受纳粹之害的犹太人、同性恋者（“同性恋者曾在这个街角被集合起来运往集中营”）、残障人士和吉卜赛人［也被称为罗姆人（Roma）和辛提人（Sinti）］的那些纪念设施相比，

这场展览更动人心魄。[3]

不过，这场展览最令人震撼的部分或许是资料收集的过程。数百位明斯特市民为此奔走了超过十年：整合记录，核验死讯，寻找幸存者，和有线索的人通了千万封个人信件（以解释他们正在筹备的这场展览，询问对方是否能够完善相关记录并提供照片或者信息）。一些人出于可理解的原因拒绝配合，另外一些人拿出了一些东西，很多人为瞻仰这些资料亲自前来明斯特。策展的结果足以表明它的成功，但是探寻家庭历史、定位幸存者或他们的子孙、给他们写个人信件，这种如同穿越历史与生死的“星际旅行”，可令人发现一段共同的悲伤记忆，从而释然，乃至得到净化。筹备这场展览的人大多在犹太人受难的时候还未出生；可以想象，筹备过程中发生的勾起痛苦记忆的无数对话和回想，会在明斯特好几代人的生命中回荡。

碎片二十八　重新引入具体性、流变和偶然

多数历史和社会科学研究的工作是总结、汇集，或者说“打包”重大社会动向和主要历史事件，使它们

134 容易辨识、可被理解。基于这一目标，同时考虑到典型的历史学者和社会科学学者希望解读的事件都是已经发生的事实，我们不难理解，他们往往只是简短地对过去盖棺定论；而在历史的亲历者（还有普通的旁观者）看来，过去却是混乱、流变、纷繁的偶然事件（理解它们正是学者的目标）。

学者之所以给出这种整洁得具有欺骗性的秩序，一个再明显不过的原因是，它正是所谓的“历史”。被关注的事件以某种形式发生，而非另一种，这常常让我们忽略一些事实：事件的参与者其实并不知道它们将如何发生，而条件的轻微变化就可能导致事件结果的巨大不同。正所谓：“少了一颗钉子，丢了一个马掌；丢了一个马掌，折了一位骑手；折了一位骑手，丢了一份情报；丢了一份情报，亡了一个国。”

一旦摆脱了亲历者的局限性，知道了事件的来龙去脉，就不可避免地会受事件走向影响，从而漠视事件的偶发性。想象一下一个结束自己生命的人。自杀者的朋友或者亲属在叙述死者的生平时，会不可避免地讲那些预示或者导致了自杀的事情。当然，自杀行为完全可能是突然的内分泌失衡、短暂的慌乱或者一瞬间的悲观领悟导致的。因此，把自杀者的一生描述成一个走向自杀的故事就是一种误读。

我们有种自然的冲动，往往把自己的行为或者人生
讲述得连贯且能够自圆其说（即使是那些完全没有条
理的行为或者人生），在回溯之际给一些或许非常偶然
的事情添上理应如此的色彩。让－保罗·萨特曾假想一
个例子：一个男人不知道是应该留在家里照看自己生病
的母亲，还是应该走上前线保卫国家。（我们也可以把 135
这一两难之境替换为该去罢工还是该待在工厂，或者是
否该参加一场示威，等等。）他拿不定主意，但是必须
抉择的日子倏忽而至，犹如一辆无法阻挡的列车。让我
们假设他留了下来，和生病的母亲待在一起。萨特写
道，第二天，那个人就有了能说服自己和其他人他该留
下的理由——他是那种更在乎卧病在床的亲人的男人。
他已经做出了行为，必须找一种说法来解释它。但是，
该说法并不能真正解释他为什么那样做了；它不过是回
顾性地为那一行为赋予合适的意义，并且为之创造一套
合适的叙述方式。

同样的道理也适用于那些塑造了历史的临时而偶然的事件。很多历史以及大众想象不仅抹去了事件的偶然

性，而且不言自明地赋予了历史行动者某些他们原本没有的意图和意识。法国大革命的历史事实使几乎整个18世纪的法国历史被追认为1789年的前奏。大革命不是单一的历史事件，而是一个过程；它与偶然的灾害性天气、粮食歉收以及巴黎的地理和人口情况的关联性，要远远超过与“启蒙哲学”理念的相关性。那些攻占巴士底狱、释放囚犯并且夺取武器的人，不可能知道他们会推翻王权和贵族制度（更不可能做了如此计划），更不用指望他们会意识到自己参加了后来人所谓的“法国大革命”。

如果一个重要历史事件被程式化，在传播之中成为一个精简的符号、一种虚假的逻辑和秩序（除非我们非常小心地避开），那么它在第一时间被经历的方式就
136 会被极度歪曲。利尼翁河畔勒尚邦的全体居民如今被奉为道德典范，他们看上去似乎不谋而合地遵从了胡格诺派的宗教信条，帮助了受迫害的人；但我们之前已经看到了实际的情况——他们的勇敢举动之下有着更复杂、更意味深长的原因。俄国革命、美国革命、三十年战争（仗打到第五年时谁会知道后面还有二十五年?）、1871年巴黎公社、美国民权运动、1968年的巴黎、波

兰团结工会，还有其他所有复杂事件都符合上述情况。历史常常抹去了这些事件的极度偶然性，压平亲历者原本的复杂意识，并且常常给他们注入了某种未卜先知的超自然认识，同时还平息了多种多样的理解和动机的喧哗之声。

“历史”塑造了我们对事件的理解方式，这可以类比于电视转播塑造了我们对一场篮球赛的理解方式。摄像机悬在赛场的外面和上方，就好像一架直升机盘旋在历史事件的上方。鸟瞰的视角让观看者远离比赛本身，而且在观感上将比赛放慢了。即便是这样，转播还是要确保观众不会错过某些关键的投篮或者传球，于是它用真正的慢镜头把动作放得更慢，让观众一遍遍地看动作的细节。鸟瞰视角和慢镜头结合起来，让观众错以为球员们的一招一式都十分简单，甚至以为连自己都能轻松掌握它们。唉，直升机视角或者慢镜头可不是球员经历比赛的真正方式。摄影机偶尔会被放在地板的高度，近距离拍摄实时的比赛动作，直到这时，观众才能真正欣赏到那快得令人目眩的速度，以及球员们真正在经历的复杂赛况。你立马就不再幻想那些动作很容易了。

碎片二十九　历史误读的政治

观看军事演练的那种困惑，就是把阅兵场混同于生死攸关的战场。

——列夫·托尔斯泰

137　清理、简化、浓缩历史事件的习惯不只是人类的自然癖性，不只是编历史教科书时的必然要求，更是一种具有高度利害关系的政治争夺。

1917 年俄国革命和法国大革命一样，许多背景各异的局中人并不知道事情的结果将会如何。研究过俄国革命的细节的人可以确认几件事。正如汉娜·阿伦特所说，“布尔什维克只是发现了躺在大街上的权力，把它捡了起来”[4]。1917 年 10 月底的事件发生得很混乱且自发性很强。学者通常认为沙皇军队在奥地利前线的崩溃，以及溃散士兵迅速返乡，自发参与对农村土地的抢夺一事，对打破沙皇在农村的统治具有决定性作用。研究者认为莫斯科和圣彼得堡的工人阶级确实怀有不满情绪，并拥有武装，但并没有寻求占领工厂。最后，他们还认定，布尔什维克党人在革命前夜对工人拥有一点宝贵的影响力，但是与农村没有任何联系。

革命和社会运动中通常存在着多样的行动者：怀着千差万别的目标、强烈的愤怒与不满的人，除了身边事 139
物之外不理解任何状况的人，受偶然事件（一阵暴雨、一条流言、一声枪响）驱动的人。虽然这万千事件发出方向不同的声响，构成一片嘈杂，但矢量相加后，它们可能就形成了我们在回望历史之际称之为“革命”的大事件。革命很少像布尔什维克主义史观描述的那样，是由协调的组织机构领导它们的“队伍”迈向确定的方向。[5]

秩序和纪律的视觉追求是集权政治的一个重点关注对象。象征性秩序造就的盛大场面不仅在公共典礼，如国王加冕和五朔节游行中看得到，还能在公共空间中的建筑结构本身看到，包括广场、雕塑、拱门和宽阔的大街。有时建筑本身的设计意图就是用它们的高大与雄伟激发民众的敬畏之心。它们常常充当一种图腾，为一点也称不上有序的现实补充一点虚幻的秩序。一个恰当的例子是齐奥塞斯库的议会宫，它位于罗马尼亚首都布加勒斯特。在 1989 年齐奥塞斯库政权倒台时它的修建完

成了85%。这个“立法会议场所”的外观类似一座歌剧院，有圆形的露台和一个位于中央的为齐奥塞斯库准
140 备的液压升降讲台。建筑物中的600个钟表都是通过总统房间里的一个控制台统一控制的。

许许多多这样的象征性工程的目的，其实都是想要用如同台球表面一样光滑的秩序、慎重、理性和控制之幕，遮盖政治权力在实际运作过程中的困惑、混乱、差错、临时性和任意性。我认为这是“秩序的模型化”。对这种玩具世界的做法我们都很熟悉。外面更大的世界中的战争、家庭生活、机器和荒野自然是危险的现实，超出了孩子的控制范围；玩具的世界里则有塑料士兵、娃娃屋、玩具飞机坦克、模型铁路和小花园。同样的逻辑被应用到了模范村、示范项目、示范住房计划和模范集体农场。当然，小规模的实验是社会创新的一种谨慎策略，即便它失败了后果也并不严重。不过，我怀疑有
141 时这种模范演示的目的单纯就是展示它们代替了更具实质性的变革，展示一种精心布置的微秩序，用一种波将金式的布景欺下媚上。这种小的“秩序岛”越是扩大化，就越会引发人们的怀疑：策划它们正是为了防止其背后非官方的、超出统治精英控制能力的社会秩序被人看到。

历史的凝练，人们对于清晰叙事的欲望，精英与机构展示秩序和目的性的需求——这些力量合谋起来，传递了一种历史因果律的虚假画面。我们或许因此忽略了一些现实：许多历史变革并不是刻意为之，而是临时与自发行为的结果；有组织的社会运动常常是那些无序抗议和示威的产物，而非其诱因；人类自由方面的显著进步往往不是规范的制度程序的结果，而是未经规划的、不可预测的自发行动，是自下而上打破传统社会秩序的成果。

注　释

前言

1. 我们偶尔会见到一些结合了某种程度的自愿协作,同时又尊重甚至鼓励地方性创新的组织。罕见的例子包括戒严令之下的波兰团结工会、美国民权运动时期的学生非暴力协调委员会(Student Non-Violent Coordinating Committee)。这两个组织都是在抗议和斗争的过程中成立的。
2. Frances Fox Piven and Richard A. Cloward, *Poor People's Movements*: *Why They Succeed*, *How They Fail* (New York: Vintage, 1978).
3. Milovan Djilas, *The New Class* (New York: Praeger, 1957).
4. Colin Ward, *Anarchy in Action* (London: Freedom Press, 1988), 14.
5. Pierre-Joseph Proudhon, *General Idea of the Revolution in the Nineteenth Century*, trans. John Beverly Robinson (London: Freedom Press, 1923), 293 –94.
6. John Dunn, "Practising History and Social Science on'Realist Assumptions," in *Action and Interpretation*: *Studies in the Philosophy of the Social Sciences*, ed. C. Hookway and P. Pettit (Cambridge: Cambridge University Press, 1979), 152, 168.

第一章　无序和号召力的功用

1. 葛兰西用"霸权"的概念来解释普遍选举权为何没有促成工人

阶级掌权。参见 Antonio Gramsci, *The Prison Notebooks of Antonio Gramsci*, ed. and trans. Quentin Hoare and Geoffrey Nowell Smith (London: Lawrence and Wishan, 1971)。

2. Taylor Branch, *Parting the Waters: America in the King Years, 1954 - 63* (New York: Simon and Schuster, 1988).
3. 这是从与阎云翔的交谈中得知的。
4. S. Kenneth Boulding, "The Economics of Knowledge and the Knowledge of Economics," *American Economic Review* 58, nos. 1/2 (March I 966): 8.

第二章 民间秩序,官方秩序

1. E. F. Schumacher, *Small Is Beautiful: Economics As If People Mattered* (New York: Harper, 1989), 117.
2. Edgar Anderson, *Plants, Man, and Life* (Boston: Little, Brown, 1952), 140 - 41.

第三章 人的塑造

1. Colin Ward, *Anarchy in Action* (London: Freedom Press, 1988), 92. 游乐场地的例子全部来自 Ward's chapter 10, pp. 89 - 93。
2. Alexis de Tocqueville, *Democracy in America*, trans. George Lawrence (New York: Harper-Collins, 1988), 555.
3. Stanley Milgram, *Obedience to Authority: An Experimental View* (New York: Harper-Collins, 1974); Philip G. Zimbardo, *The Lucifer Effect: How Good People Turn Evil* (New York: Random House, 2008).
4. See, for example, http://www. telegraph. co. uk/news/uknews/1533248/Is - this - the - end - of - the - road - for - traffic - lights. html.

第四章　给小资产阶级的两声喝彩

1. R. H. Tawney, *Religion and the Rise of Capitalism* (Harmondsworth: Penguin, 1969), 28.
2. Paul Averich, *Kronstadt 1921* (Princeton, NJ: Princeton University Press, 1970), 66.
3. Vaisberg, speaking in 1929, and quoted in R. W. Davies, *The Socialist Offensive: The Collectivization of Russian Agriculture, 1929–1930* (London: Macmillan, 1980), 175.
4. A. V. Chayanov, *The Theory of Peasant Economy*, ed. Daniel Thorner, trans. Basile Kerblay and R. E. F. Smith (Homewood, IL: Richard Irwin for the American Economic Association, 1966, originally published in Russian in 1926).
5. Henry Stephens Randall, "Cultivators," in *The Life of Thomas Jefferson*, vol. 1, 1858, p. 437.
6. Barrington Moore, Jr., *Injustice: The Social Basis of Obedience* (Armonk, NY: M. E. Sharpe, 1978).
7. Robert E. Lane, *Political Ideology: Why the American Common Man Believes What He Does* (Glencoe, IL: Free Press, 1962).
8. Steven H. Hahn, *The Roots of Southern Populism: Yeoman Fanners and the Transformation of the Georgia Upcountry* (Oxford: Oxford University Press, 1984).
9. See, e. g., Alf Ludke, "Organizational Order or Eigensinn? Workers' Privacy and Workers' Politics," in *Rites of Power, Symbolism, Ritual and Politics since the Middle Ages*, ed. Sean Wilentz (Philadelphia: University of Pennsylvania Press, 1985), 312–44; Miklos Haraszti, *Worker in a Workers State* (Harmondsworth: Penguin, 1977); and Ben Hamper, *Rivet Head: Tales from the Assembly Line* (Boston: Little, Brown, 1991).

10. M J. Watts and P. Little, *Globalizing Agro-Food* (London: Routledge, 1997).
11. 例如,可参考 Michel Crozier 的观点:即使在大型官僚机构中,“个人所坚持的自主性和他对一切依附关系的拒斥”也是行为的关键特征。*The Bureaucratic Phenomenon* (Chicago: University of Chicago Press, 1964), 290.
12. Barrington Moore, *The Social Origins of Dictatorship and Democracy* (Boston: Beacon Press, 1966). See also E. P. Thompson's *The Making of the English Working Class* (New York: Vintage, 1966).
13. 小资产阶级不论在政治等级体系中占有何种位置,都有别的值得称道的社会贡献。历史上,小作坊生产和小生意曾经是市场完整性的关键推动力。如果某处的某种商品或服务供应稀缺,从事相关的生意能因此获得更高的回报,那么小资产阶级就总是能设法去填上这个缺口。对于米尔顿·弗里德曼(Milton Friedman)这样的学者和市场原教旨主义者来说,小资产阶级做的是“上帝的工作”。他们生存在几乎完美的市场竞争环境下;他们回应供需关系中的小变动的敏捷和速度,很接近新自由主义经济学以乌托邦式的眼光设想的完美竞争。他们只能获得非常微薄的利润,常常失败,不过他们行为的集合有助于经济达到帕累托最优。总体来说,小资产阶级与这一理想状态更接近是合情合理的。他们提供人们需要的商品和服务,不管在速度上还是在价格竞争力上都是那些步伐缓慢的大公司所无法比拟的。
14. 这里我之所以说“或许”,是因为在 20 世纪中叶的一些大公司中存在一种科研的文化,例如拥有贝尔实验室的美国电话电报公司(AT&T)、杜邦公司(DuPont)、IBM。这些例子显示大型公司并非全都与创新行为对立。
15. Jane Jacobs, *The Death and Life of Great American Cities* (New York: Vintage, 1961).

第五章 为了政治

1. “Atlanta’s Testing Scandal Adds Fuel to U. S. Debate,” *Atlanta Journal Constitution*, July 13, 2011.
2. C. A. E. Goodhart, “Monetary Relationships: A View from Threadneedle Street,” *Papers in Monetary Economics* (Reserve Bank of Australia, 1975).
3. Theodore Porter, *Trust in Numbers: The Pursuit of Objectivity in Science and Public Life* (Princeton, NJ: Princeton University Press, 1995), 43.
4. Lorraine Daston, “Objectivity and the Escape from Perspective,” *Social Studies of Science* 22(1992): 597 - 618.
5. “贤能政治”这一术语始于 20 世纪 40 年代,首见于英国人迈克尔 · 杨(Michael Young)的反乌托邦小说 *The Rise of the Meritocracy, 1870 - 2033: An Essay on Education and Inequality* (London: Thames & Hudson, 1958),书中议论了凭智商分数选择统治精英对劳动阶层的不利之处。
6. Porter, *Trust in Numbers*, 194.
7. 正当的量化(其目的是寻求透明性、客观性、民主管理和平等的社会效应)与病态扩大化的量化(会替代乃至扼杀关于有哪些合适的公共政策渠道的政治讨论)的界限在哪里?

   我们当然不能断然说官方使用的所有审计方式都是错误且愚蠢的。我们需要找到区分数字的合理使用和危险使用的界限。面对审计或者量化指数,我们可以问自己几个问题。我的建议是,问题可以回应我之前议论过的话题,即是否存在人为构建的有效性、“非政治”的可能性,以及殖民或者反客为主的危险等。所以,我们作为公民可以问:

   a. 那套相关的量化体系和它想要度量的现实结构(即真实世界里的那个东西)之间的关系是怎样的?(例如,SAT 分数能够准确代表一个学生的能力吗？或者更广义地说，能够准确代表他是否有资格上大学吗？）

b. 是否有某个政治问题因量化手段而被隐藏或者回避了？（例如，村落评估体系和尸体统计数据是否让人们忽视了美国方面的争议，即越南战争真的是明智的、可以打赢的吗？）

c. 这套数据是否存在殖民或者扰乱现实的可能性，例如错误呈现、反客为主或者遮蔽其他实质性目标？（美国大学对于 SSCI 的依赖是否造成了粗制滥造的文章的出版或者“引用圈”的现象？）

简言之，我的立场并不是要在学术或者政治生活中消灭量化方法。我们的当务之急是去除量化数字的神秘或者神圣色彩，并且意识到它们并非总能回答我们提出的问题。另外，我们也需要认识到，稀缺资源分配的实质是什么（是政治），不是什么（不是技术决策）。我们必须学会扪心自问：量化方法在每个特定条件下的运用到底推动还是阻碍了政治讨论？它是在帮助还是在阻碍我们达成政治目标？

第六章 具体性与流变

1. François Rochat and Andre Modigliani, “The Ordinary Quality of Resistance: From Milgram's Laboratory to the Village of Le Chambon,” *Journal of Social lssues* 51, no. 3 (1995): 195 – 210.
2. 华盛顿特区的犹太大屠杀纪念馆用了另一种方式发挥具体性的力量。每位参观者入馆时得到一张卡片，上面有一位犹太人的照片，参观者只有等到接近展览出口时方能得知这位犹太人的个人最终命运。
3. 设置这种纪念标志的大多不是国家，而是德国公民的小团体，这些团体坚持认为将纳粹主义的地方历史保留在集体记忆中是一件重要的事。虽然它们总体上不如明斯特展览那么感人，但大多比美国的纪念方式更好。在美国，你就不要指望找到

“这里曾经举办过奴隶的拍卖”“让我们铭记伤膝河和血泪之路”“这里是臭名昭著的塔斯基吉实验的发生地”之类的纪念标志了。

4. Hannah Arendt, *On Revolution* (New York: Viking,1965),122.
5. 列宁在这方面的著述十分复杂,有时他也赞扬自发性,不过总体来说他把“群众”视为一种未经打磨的力量,而不是一个有形的拳头,同时先进政党是“大脑”,是将群众的力量部署到最优位置的指挥人员。

致　谢

普林斯顿大学出版社的 Fred Appel 以堪称楷模的耐心，帮助并鼓励了我的自由式实验，这位编辑对我的关怀和建议让我十分感动，我一度以为这种安慰在当代出版业中已经消失了。他的同事 Sarah David 和 Deborah Tegarden 慷慨地为编排插图和文本提供了协助。

索　引

（索引中的页码为本书页边码）

图书在版编目(CIP)数据

六论自发性：自主、尊严，以及有意义的工作和游戏 /（美）詹姆斯·C. 斯科特（James Scott）著；袁子奇译. -- 北京：社会科学文献出版社，2019.4（2024.8 重印）

书名原文：Two Cheers for Anarchism——Six Easy Pieces on Autonomy, Dignity, and Meaningful Work and Play

ISBN 978 -7 -5201 -4262 -5

Ⅰ. ①六… Ⅱ. ①詹… ②袁… Ⅲ. ①自发论 - 文集 Ⅳ. ①D143 -53

中国版本图书馆 CIP 数据核字（2019）第 022857 号

六论自发性

——自主、尊严，以及有意义的工作和游戏

著　　者 / [美] 詹姆斯·C. 斯科特

译　　者 / 袁子奇

出 版 人 / 冀祥德

责任编辑 / 沈　艺　廖涵缤

文稿编辑 / 姚　敏

责任印制 / 王京美

出　　版 / 社会科学文献出版社·甲骨文工作室（分社）（010）59366527

地址：北京市北三环中路甲 29 号院华龙大厦　邮编：100029

网址：www.ssap.com.cn

发　　行 / 社会科学文献出版社（010）59367028

印　　装 / 北京盛通印刷股份有限公司

规　　格 / 开 本：889mm × 1194mm　1/32

印 张：7.25　字 数：116 千字

版　　次 / 2019 年 4 月第 1 版　2024 年 8 月第 5 次印刷

书　　号 / ISBN 978 -7 -5201 -4262 -5

著作权合同登记号 / 图字 01 -2018 -5571 号

定　　价 / 58.00 元

读者服务电话：4008918866